SCHAU UND LIES
DEINE WELT

DIE SIEBEN WELTWUNDER

Giovanni Caselli

Weitere Illustratoren:
Mark Bergin
Nicholas Hewetson
John James

Tessloff

Herausgeber: Angela Wilkes (Text)
Roger Priddy (Illustrationen)

Lektor: Susan Mennell

Textredaktion: Jackie Douglas
Grafische Gestaltung: Roger Bristow

Aus dem Englischen von Simone Wiemken

ISBN 3-7886-0469-7
Gorenjski tisk
Jugoslawien

INHALT

4 Die Sieben Weltwunder der Antike
6 Die großen Pyramiden
8 Der Bau der Pyramiden
10 Andere große Pyramiden
12 Andere große Steinbauten
14 Die Hängenden Gärten von Babylon
16 Babylon
18 Unterhaltung für das Volk
20 Paläste für Vergnügen und Bildung
22 Die Statue des Zeus
24 Olympia und die Olympischen Spiele
26 Große Buddhas
28 Wallfahrtsorte
30 Der Artemistempel
32 Der Bau des Tempels
34 Das Streben nach dem Himmel
36 Der Bau einer Kathedrale
38 Das Mausoleum von Halikarnassos
40 Der Bau des Mausoleums
42 Der Tadsch Mahal
44 Die Grabwächter
46 Der Koloß von Rhodos
48 Der Bau des Kolosses

50 Die Freiheitsstatue

52 Gewaltige Statuen

54 Der Leuchtturm von Alexandria

58 Hochaufragende Bauwerke

60 Hohe Türme

62 Wunder der Größe

64 Register

DIE SIEBEN WELTWUNDER DER ANTIKE

Vor mehr als 2000 Jahren stellte der griechische Dichter Antipater von Sidon eine Liste der berühmtesten Bauwerke seiner Zeit zusammen. Diese Bauwerke wurden später unter der Bezeichnung die Sieben Weltwunder · weltberühmt. Warum Antipater diese Liste zusammenstellte, ist nicht genau bekannt; möglicherweise diente sie als eine Art früher Reiseführer für den östlichen Mittelmeerraum.

Auch die Zahl dieser „Wunder" ist wahrscheinlich von Bedeutung. Schon seit den frühesten Zeiten gilt die Zahl Sieben als heilig und wird in Volksbräuchen und Religion immer wieder mit besonderen oder geheimnisvollen Vorgängen in Verbindung gebracht.

Wie nicht anders zu erwarten, stürzten einige der Sieben Weltwunder im Laufe der Jahrhunderte ein und zerfielen zu Ruinen, und spätere Schriftsteller stellten ihre eigenen Listen von aufsehenerregenden Bauwerken oder „Weltwundern" zusammen.

Die Weltwunder der Antike unterscheiden sich von allen anderen Bauwerken verschiedener Epochen durch ihre Besonderheit, ja Einmaligkeit — sei es nun ihre gewaltige Größe, die bemerkenswerte Bauweise oder einfach ihre überragende Schönheit. Allen derartigen Bauwerken ist jedoch eines gemeinsam: schon ihr bloßes Vorhandensein versetzt die Menschen immer wieder in Staunen.

Wo sind sie zu finden?
Diese Karte zeigt die ursprünglichen Sieben Weltwunder der Antike. Jedes dieser Bauwerke ist an seinem tatsächlichen Standort abgebildet, so daß es nicht schwer ist, die Entfernungen zwischen den einzelnen „Wundern" abzuschätzen.

Der Aufbau dieses Buches
Dieses Buch ist in sieben Kapitel aufgeteilt, von denen jedes über eines der Sieben Weltwunder berichtet. Jedes Kapitel beginnt mit einer Zeichnung des Bauwerks und erläutert dann, warum und wie es errichtet wurde. Außerdem werden Vergleiche zu moderneren Bauwerken gezogen, die ihren antiken Vorbildern oft verblüffend ähnlich sind.

Das erste Kapitel berichtet von der Pyramide von Gizeh und anderen großen Steindenkmälern wie Stonehenge.

Kapitel zwei vergleicht die Hängenden Gärten von Babylon mit Zentren der Unterhaltung wie dem Kolosseum.

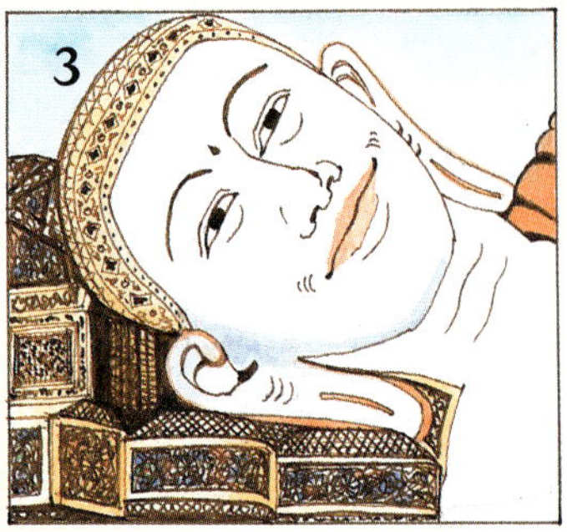

Im dritten Kapitel wird über die Statue des Zeus und andere große Statuen wie den burmesischen Buddha berichtet.

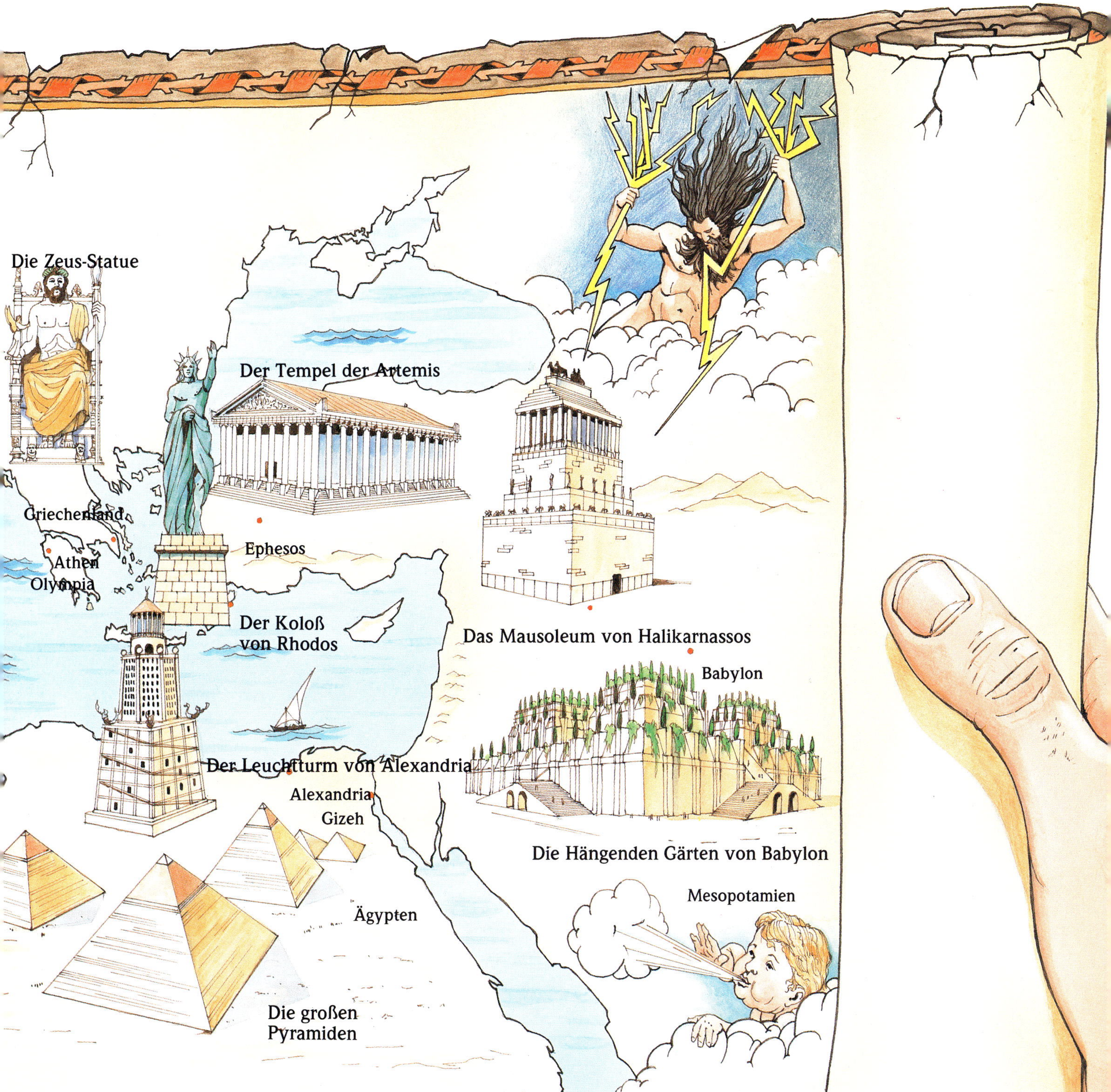

Das vierte Kapitel vergleicht den Tempel der Artemis mit großen Kirchen wie der Basiliuskathedrale in Moskau.

Kapitel fünf macht die Unterschiede zwischen dem Mausoleum von Halikarnassos und anderen Gedenkstätten deutlich.

Das sechste Kapitel beschäftigt sich mit gewaltigen Statuen, vom Koloß von Rhodos bis zur Freiheitsstatue in New York.

Das letzte Kapitel beginnt mit dem Leuchtturm von Alexandria und leitet dann über zu weiteren hohen Türmen.

1 DIE GROSSEN PYRAMIDEN

In der Wüste Ägyptens, nicht weit vom Nil entfernt, stehen die berühmten Pyramiden. Sie wurden vor fast 5000 Jahren von den alten Ägyptern errichtet und sind damit das älteste der Sieben Weltwunder und zudem das einzige, das heute noch steht.

Die Pyramiden wurden als Grabstätten für die ägyptischen Könige erbaut. Da die Ägypter an ein Leben nach dem Tode glaubten, gaben sie ihren Königen wertvolle Gegenstände mit ins Grab, damit diese all die Dinge bei sich hatten, die sie in einem späteren Leben möglicherweise brauchen würden. In den Grabkammern der Pyramiden fanden Archäologen Juwelen, Nahrungsmittel, Möbel, Musikinstrumente und Jagdwaffen.

Eine gewaltige Arbeit
Die größte und eindrucksvollste Pyramide ist die Cheops-Pyramide von Gizeh. Tausende von Menschen arbeiteten ungefähr dreißig Jahre an diesem Bauwerk, das 2580 v. Chr. fertiggestellt wurde.

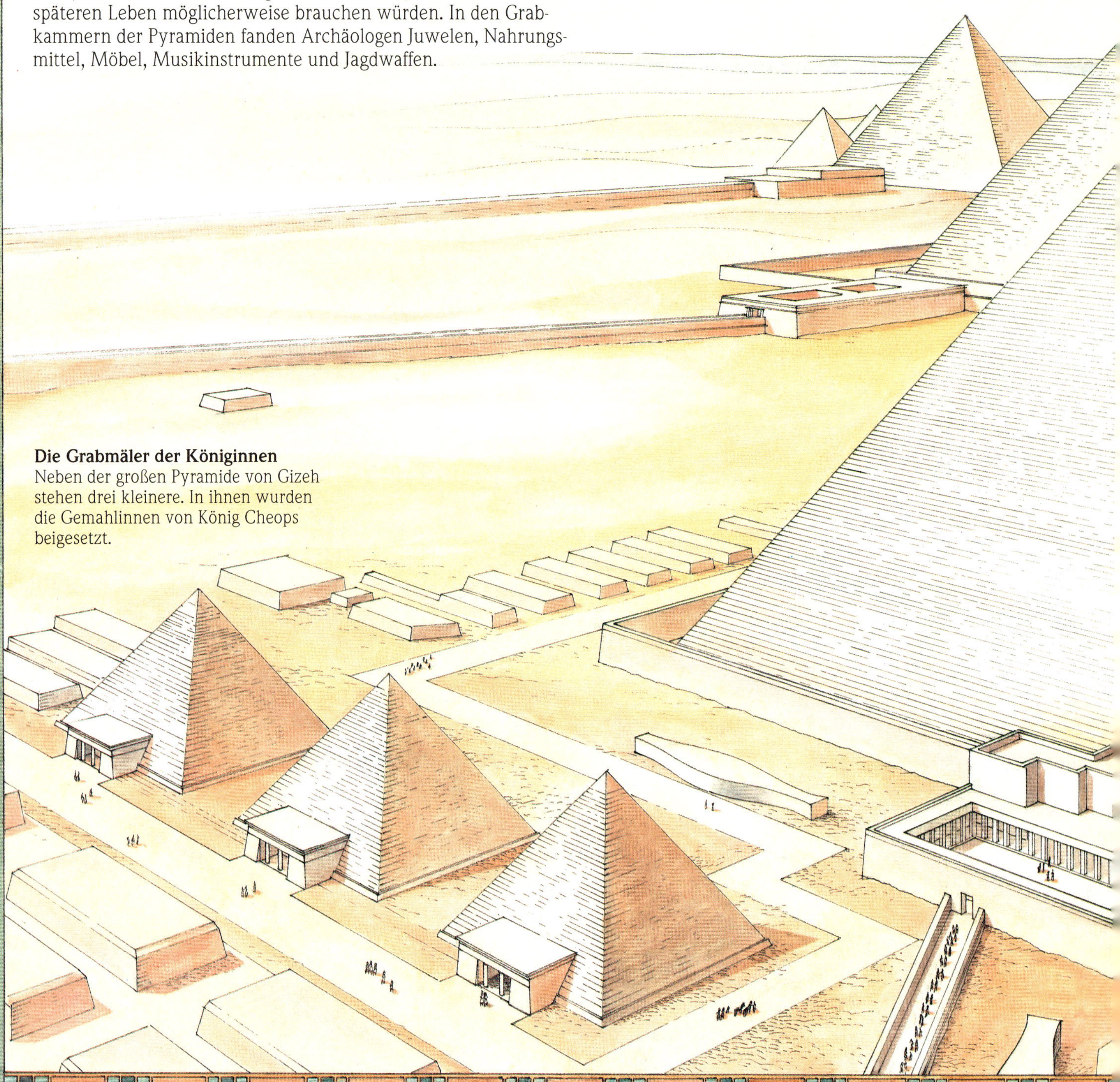

Die Grabmäler der Königinnen
Neben der großen Pyramide von Gizeh stehen drei kleinere. In ihnen wurden die Gemahlinnen von König Cheops beigesetzt.

Der Griff nach den Sternen
Die Cheops-Pyramide ist 137 Meter hoch, die Seiten der Grundfläche sind 230 Meter lang. Die Pyramide besteht aus mehr als zwei Millionen Steinblöcken, von denen jeder ungefähr 2300 Kilogramm wiegt.

DER BAU DER PYRAMIDEN

Die Pyramiden wurden ohne Maschinen gebaut, nur mit Hilfe einiger einfacher Werkzeuge. Die Männer, die die Pyramiden errichteten, waren keine Sklaven, sondern gelernte Arbeiter und Bauern, die in den Monaten, in denen der Nil über die Ufer trat und sie ihre Felder nicht bestellen konnten, beim Pyramidenbau halfen.

Die Pyramiden wurden abschnittweise gebaut. Als erstes wurde der Bauplatz eingeebnet. Dann bestimmte ein Landvermesser mit Hilfe der Sterne die Himmelsrichtungen, so daß die Seiten des Fundaments jeweils genau nach Norden, Süden, Osten und Westen ausgerichtet werden konnten.

Nachdem das Fundament gelegt worden war, wurden die Wände aus gewaltigen Steinblöcken errichtet, die aus weit entfernten Steinbrüchen kamen und auf Schiffen auf dem Nil transportiert wurden. Zum Schluß wurde die Pyramide noch mit weißen Kalksteinplatten verkleidet.

Die Grabkammer des Königs

Der König wurde genau in der Mitte der Pyramide beigesetzt. Der Sarkophag, in dem er ruhte, stand schon an seinem Platz, während an den Seiten der Pyramide noch gebaut wurde. Der Eingang zur Grabkammer wurde verriegelt, doch viele Jahre später brachen Diebe ihn wieder auf und stahlen die Schätze des Königs.

Die Errichtung

Die alten Ägypter bauten ihre Pyramiden von der Mitte nach außen und von unten nach oben. Hier sieht man Arbeiter beim Errichten der Cheops-Pyramide.

Wo die Pyramiden stehen

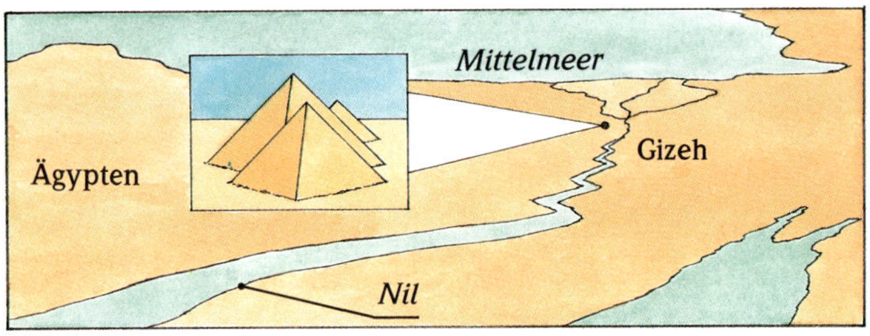

Für den Gottkönig

An den Pyramiden arbeiteten Tausende von Steinmetzen, Zimmerleuten und einfachen Arbeitern, die dafür mit Nahrung und Kleidung entlohnt wurden. Da der König die höchste Gottheit dieser Menschen war, halfen sie alle freiwillig mit, ein Grabmal für ihn zu errichten.

Muskelkraft

Es gab noch keinerlei Fahrzeuge mit Rädern, mit denen man die Steinblöcke von den Steinbrüchen zum Bauplatz schaffen konnte. Statt dessen wurden die Steinblöcke auf hölzernen Rollen oder auf Schlitten vom Nil zum Bauplatz gezogen.

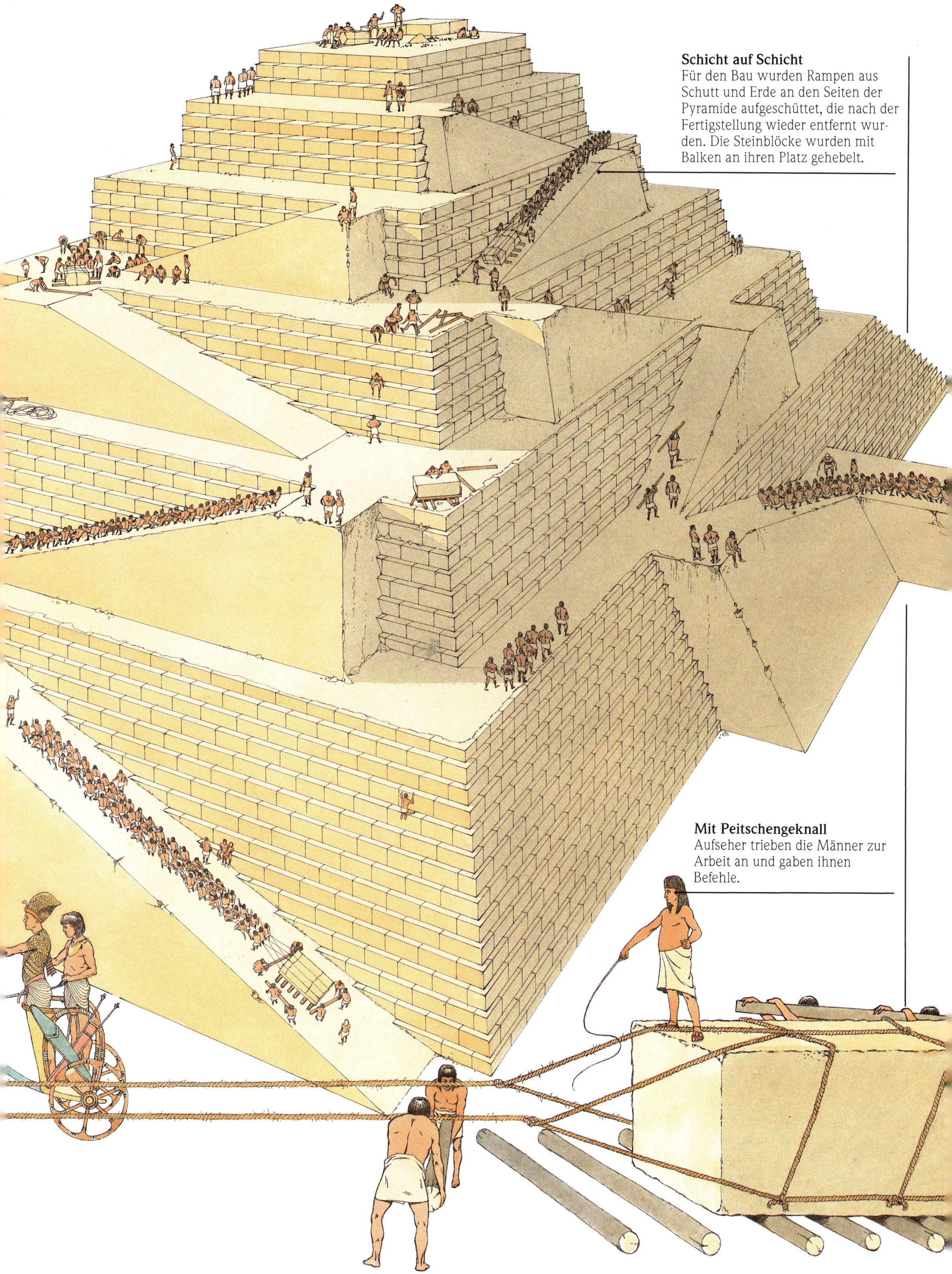

Schicht auf Schicht
Für den Bau wurden Rampen aus Schutt und Erde an den Seiten der Pyramide aufgeschüttet, die nach der Fertigstellung wieder entfernt wurden. Die Steinblöcke wurden mit Balken an ihren Platz gehebelt.

Mit Peitschengeknall
Aufseher trieben die Männer zur Arbeit an und gaben ihnen Befehle.

ANDERE GROSSE PYRAMIDEN

Obwohl die Pyramiden der alten Ägypter die berühmtesten sind, sind sie doch nicht die einzigen, die je gebaut wurden. Auch andere frühe Völker errichteten riesige, pyramidenförmige Bauwerke. Die meisten Pyramiden waren Tempel, die einem Gott geweiht waren. Wie im Alten Ägypten wurden auch in anderen Ländern die Könige oft als Götter verehrt und nach ihrem Tod in Grabstätten tief im Innern einer Pyramide beigesetzt.

Borobudur

Das Wort Borobudur bedeutet „Tempel auf dem Hügel". Borobudur ist der größte buddhistische Tempel der Welt. Er liegt auf einem Hügel im Dschungel von Java in Südostasien. Der Tempel wurde im Jahre 800 n. Chr. gebaut, jedoch später nach einem Erdbeben verlassen, und zerfiel zur Ruine. Jahrhundertelang lag der Tempel versteckt im Dschungel, bis er 1814 wiederentdeckt wurde. Inzwischen haben Archäologen ihn vollständig wiederhergestellt.

Im steinernen Käfig

Um den großen mittleren Stupa herum sind etwa siebzig kleinere angeordnet. In jedem von ihnen befindet sich eine Buddhastatue, die durch die Öffnungen in der steinernen Umhüllung betrachtet werden kann.

Eine andere Form

Borobudur sieht aus wie eine riesige, terrassenförmige Pyramide. Der Tempel hat eine quadratische Grundfläche, auf die mehrere runde Schichten aufgesetzt sind, die nach oben hin kleiner werden. 46 Meter über dem Boden wird der Tempel von einem glockenförmigen Schrein, dem Stupa, gekrönt.

Treppen zum Gipfel

Zur Spitze des Tempels führten von der Mitte jeder Pyramidenseite Treppen hinauf. Die Wände sind mit Tausenden von großartigen Reliefs geschmückt, die Einblick in das Leben im alten Java geben und vom Leben des Buddha berichten.

Der Weg des Pilgers
Der Weg zur Spitze des Tempels ähnelt einer Bergbesteigung. Vom Boden aus kann man die Spitze nicht sehen. Der Pfad dorthin ist ein Symbol für den Weg eines Menschen durch das Leben zur geistigen Reife.

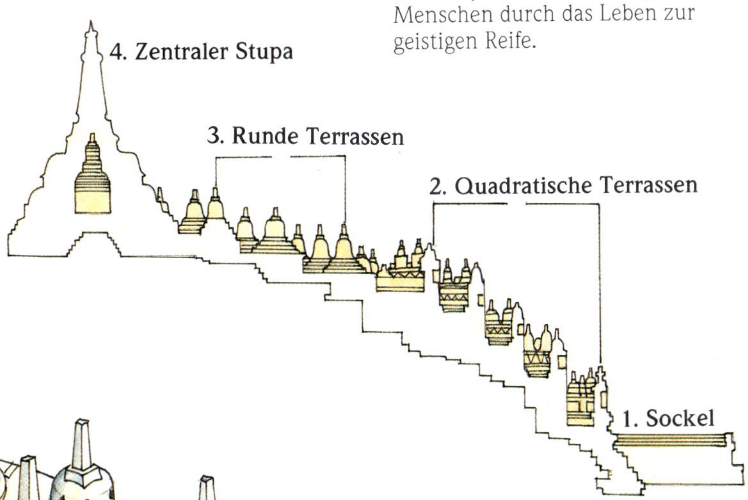

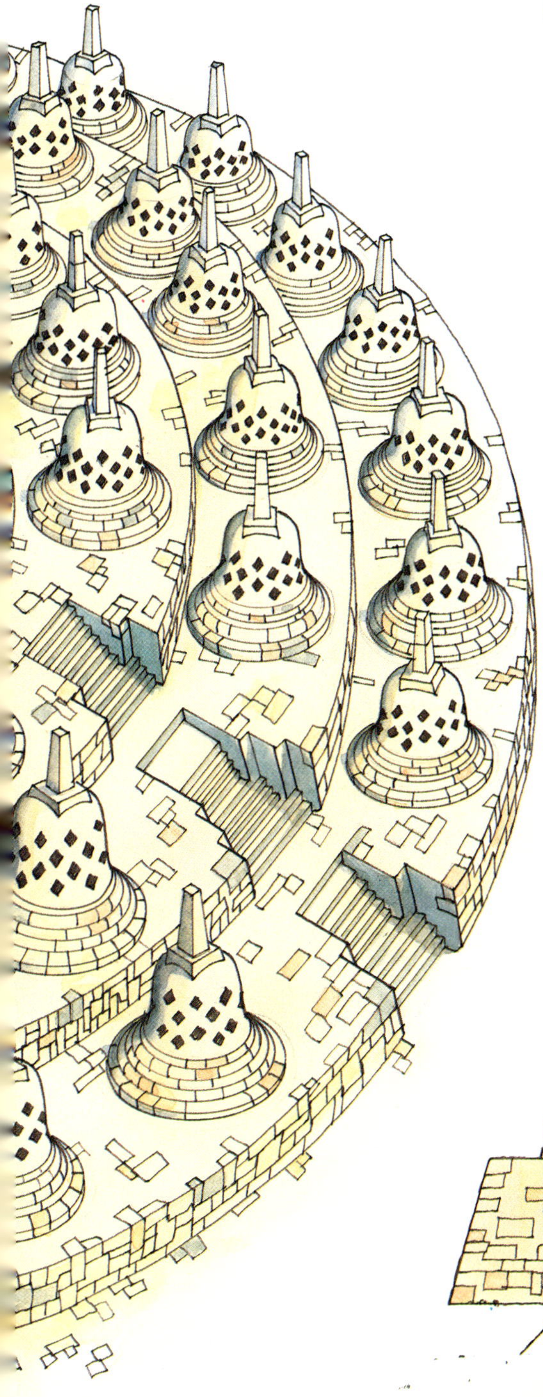

Die Pyramiden der Maya

Inmitten des Dschungels von Guatemala in Mittelamerika liegt Tikal, eine der größten Städte der Maya. Die Kultur der Maya bestand rund 2000 Jahre, ihre Blütezeit lag in den Jahren 600 bis 900 n. Chr. Tikal war ein wichtiges religiöses Zentrum, in dem großartige pyramidenförmige Tempel errichtet wurden. Einige dieser Tempel, deren Ruinen heute noch stehen, waren fast 70 Meter hoch.

An der Spitze ein Tempel
Auf der Spitze einer der größten Maya-Pyramiden liegt der Tempel des Großen Jaguars. Eine beeindruckend steile Treppe führt zum Eingang des Tempels hinauf.

ANDERE GROSSE STEINBAUTEN

Sehr früh in ihrer Geschichte haben die Menschen große Steinblöcke bewegt, so wie die alten Ägypter beim Bau ihrer Pyramiden. Schon vor dieser Zeit konnten sie, obwohl sie nur über sehr primitive Werkzeuge verfügten, gewaltige Steine, auch „Megalithen" genannt, über große Entfernungen transportieren und sie so aufstellen, wie es für ihr Vorhaben erforderlich war. Heute werden mit Hilfe moderner Technologie und leistungsfähiger Maschinen immer größere und eindrucksvollere Bauwerke wie Dämme, Brücken und Tunnel errichtet, doch es bleibt noch abzuwarten, ob sie die Zeiten ebenso lange überdauern werden wie die Bauten unserer frühen Vorfahren.

Wachttürme
In regelmäßigen Abständen sind wuchtige Wachttürme in die Mauer eingelassen. Von diesen Türmen aus wurden Signale gegeben — am Tage mit Rauch und nachts mit Feuer.

Die Chinesische Mauer
Die Chinesische Mauer ist das größte von Menschen errichtete Bauwerk der Welt. Sie diente als Schutzwall vor fremden Völkern, die in China einzufallen drohten. Der Mauerbau wurde im dritten Jahrhundert v. Chr. während der Regierungszeit des ersten chinesischen Kaisers Shih Huang Ti begonnen und erst viele Jahrhunderte später beendet.

Stonehenge
In der Ebene von Salisbury im Südwesten Englands findet sich ein sehr alter Kreis aus aufrechtstehenden Steinen, der Stonehenge genannt wird und zu den berühmtesten Bauwerken der Vorzeit gehört. Der Kreis, der zwischen 3000 und 1500 v. Chr. errichtet wurde, hat einen Durchmesser von 30 Metern und besteht aus bis zu vier Meter hohen Steinen.

Eine beachtliche Leistung
Die in Stonehenge verwendeten Steine stammen wahrscheinlich aus rund 130 Kilometer entfernt liegenden Steinbrüchen und wurden zum Bauplatz gezogen. Dort wurden Löcher für sie ausgehoben, und Gruppen von Männern richteten sie mit primitiven Hebeln auf.

Ein magischer Kreis?
Warum Stonehenge gebaut wurde, wird wohl immer ein Geheimnis bleiben. Einige Wissenschaftler sind der Ansicht, daß in dem Kreis heidnische Riten vollführt wurden, während andere glauben, daß der Steinkreis ein Hilfsmittel bei der Beobachtung der Sterne war.

Der Itaipú-Damm

Der Itaipú-Staudamm im Panamafluß im Süden Brasiliens gehört zum größten Wasserkraftwerk der Welt. Er wurde in den 1970er Jahren von den beiden südamerikanischen Ländern Brasilien und Paraguay gemeinsam gebaut. Das Staubecken hat gewaltige Ausmaße; man rechnet damit, daß dort soviel Strom erzeugt werden kann wie in den Wasserkraftwerken Assuan (Ägypten) und Grand Coulee (USA) zusammen.

Wachtposten
Die auf dem Kamm einer Bergkette errichtete Mauer schützte das „Reich der Mitte“ vor Angriffen der Steppenvölker Innerasiens. In bestimmten Abständen waren auf der Mauer Wachtposten stationiert, die bei Gefahr sofort Alarm schlugen.

Ein gewaltiges Bauwerk
Die Chinesische Mauer ist 2450 Kilometer lang; das entspricht der Entfernung zwischen London und Moskau. Sie erstreckt sich vom Gelben Meer bis tief ins Innere Zentralasiens.

Parallele Wälle
Zwei parallele Wälle von neun Meter Höhe verlaufen beiderseits der 3,5 Meter breiten Straße. Der größte Teil der Wälle besteht aus mit Ziegeln ummauerter, gerammter Erde.

Tausende von Sklaven
Beim Bau der gewaltigen Grenzmauer in bergigem Gelände wurden unzählige Sklaven unter unmenschlichen Bedingungen eingesetzt, und viele Tausende kamen dabei ums Leben.

2 DIE HÄNGENDEN GÄRTEN VON BABYLON

Keines der Sieben Weltwunder hat die Phantasie der Menschen so stark beschäftigt wie die Hängenden Gärten von Babylon. Es gibt keine zeitgenössischen Berichte, in denen die Hängenden Gärten beschrieben werden, sondern nur mündliche Überlieferungen, aus denen im Laufe der Zeit die Legende von einem Paradies in der Wüste wurde.

Ein römischer Dichter besuchte die Gärten lange nach dem Untergang des Babylonischen Reiches. Er beschrieb sie als eine Reihe von gewölbten Terrassen, die wie bei einer Pyramide aufeinandergetürmt waren und von einer 7,6 Meter dicken Mauer begrenzt wurden. Jede Terrasse enthielt genügend Erde, daß Bäume auf ihr wachsen konnten.

Eine grüne Pyramide
Über die Wände der Terrassen ergossen sich die Triebe exotischer Pflanzen. Zypressen und Palmen spendeten Schatten, und die Luft war schwer von Blütenduft.

Aus Liebe erbaut
Die Hängenden Gärten wurden im 9. Jahrhundert v. Chr. auf Befehl des Königs Nebukadnezar errichtet. Die Gärten waren ein Geschenk an seine Frau Amytis, die Sehnsucht nach der grünen und hügeligen Landschaft ihrer Heimat hatte. Warum sie auch nach Semiramis, einer assyrischen Königin, die viel früher gelebt hatte, benannt wurden, ist ungeklärt. Da es in den üppigen Gärten angenehm kühl war, wurden sie von vielen Menschen besucht, die der sengenden Wüstenhitze Babylons für einige Stunden entfliehen wollten.

Die Bewässerung
Um die Gärten zu bewässern, wurde Wasser aus dem nicht weit entfernten Fluß Euphrat durch unterirdische Rohrleitungen auf die Terrassen gepumpt.

BABYLON

Die Stadt Babylon lag an den Ufern des Flusses Euphrat in dem fruchtbaren Land Mesopotamien, das heute Irak heißt. Babylon war berühmt für seine Hängenden Gärten und für seine unüberwindlichen Stadtmauern, die von vielen Menschen ebenfalls als Weltwunder angesehen wurden. Babylon war eine der reichsten Städte des Altertums. Es war ein Zentrum der Gelehrsamkeit und des Handels und wurde von Kaufleuten aus fernen Ländern aufgesucht, die mit exotischen Gewürzen und anderen wertvollen Waren handelten.

Den Höhepunkt ihrer Macht erreichte die Stadt unter König Nebukadnezar, der von 605 bis 562 v. Chr. regierte. Diese glanzvolle Zeit war jedoch nicht von langer Dauer. Im Jahre 539 v. Chr. eroberten die Perser die Stadt, und Babylon verlor seine Unabhängigkeit. Im Laufe der Jahre verließen die Menschen die Stadt; im Jahr 200 n. Chr. war sie menschenleer und verödet.

Sehenswürdigkeiten der Stadt

Besucher Babylons bestaunten die Prachtbauten der Stadt. In ihrer Mitte erhob sich der gewaltige Zikkurrat mit einem Tempel, der Marduk, dem Schutzgott Babylons, geweiht war. Nicht weit davon entfernt lagen die Hängenden Gärten und der prächtige Königspalast.

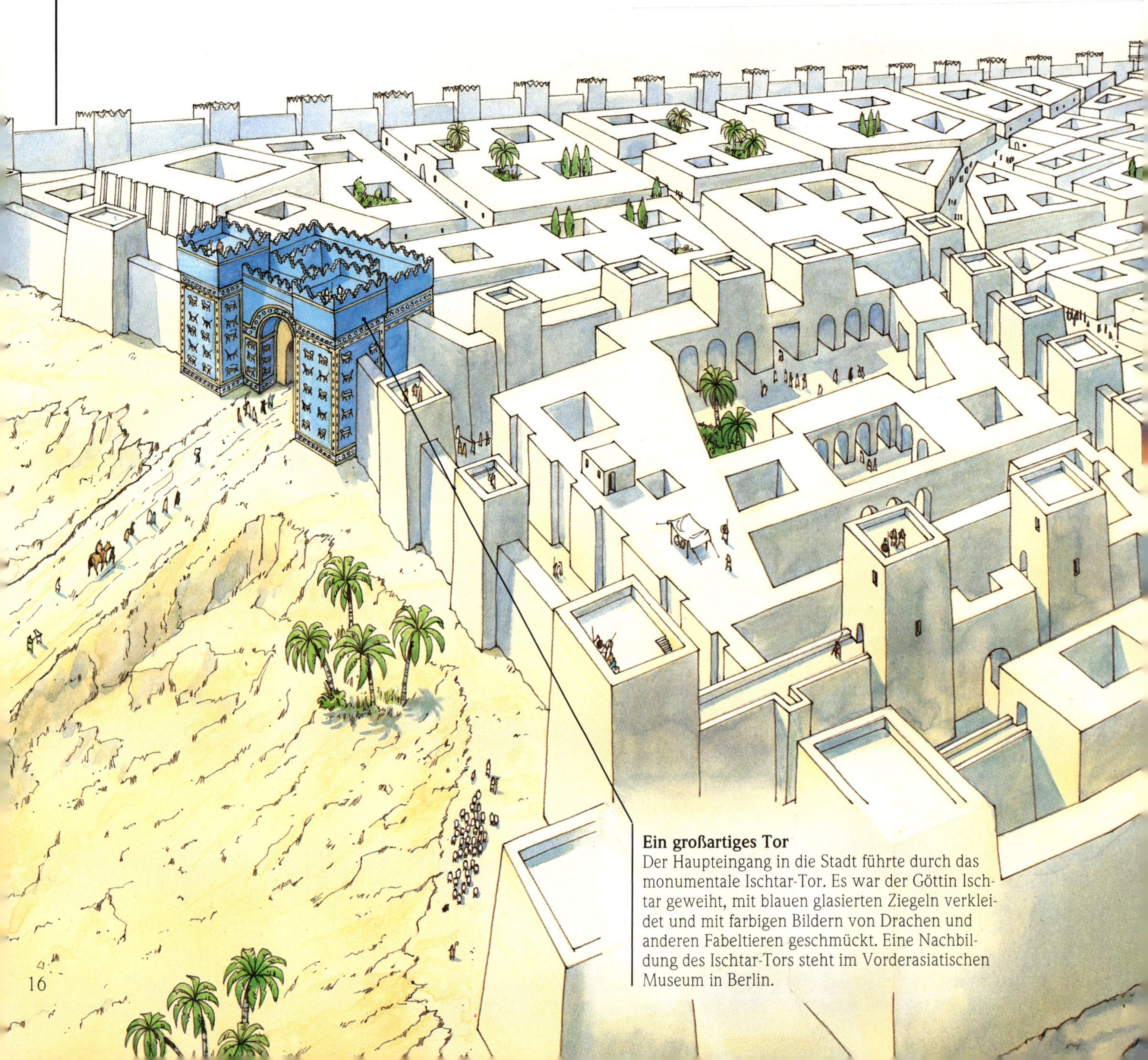

Ein großartiges Tor

Der Haupteingang in die Stadt führte durch das monumentale Ischtar-Tor. Es war der Göttin Ischtar geweiht, mit blauen glasierten Ziegeln verkleidet und mit farbigen Bildern von Drachen und anderen Fabeltieren geschmückt. Eine Nachbildung des Ischtar-Tors steht im Vorderasiatischen Museum in Berlin.

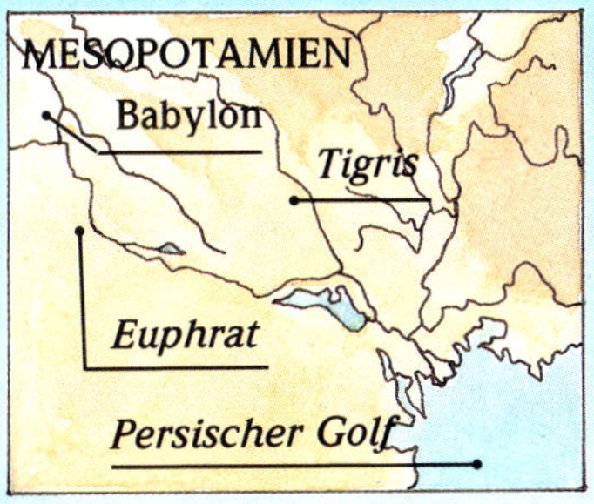

Eine befestigte Stadt
Die Stadt war umgeben von einer doppelten Mauer aus Lehmziegeln, durch die acht große Tore führten. Zwischen den beiden Mauern verlief eine erhöhte Straße, die so breit war, daß ein vierspänniger Streitwagen darauf fahren konnte.

Der Turm von Babel?
Der Zikkurrat war ein 90 Meter hoher pyramidenähnlicher Turm, der von einem Tempel gekrönt wurde. Manche Wissenschaftler sind der Ansicht, der Zikkurrat könnte der legendäre Turm von Babel gewesen sein, von dem in der Bibel die Rede ist.

Die Überreste
Heute ist von Babylon nichts mehr übrig außer ein paar Ruinen. Archäologen haben die Hauptstraße wieder freigelegt und möglicherweise auch die Grundmauern des Zikkurrat und des Königspalastes entdeckt.

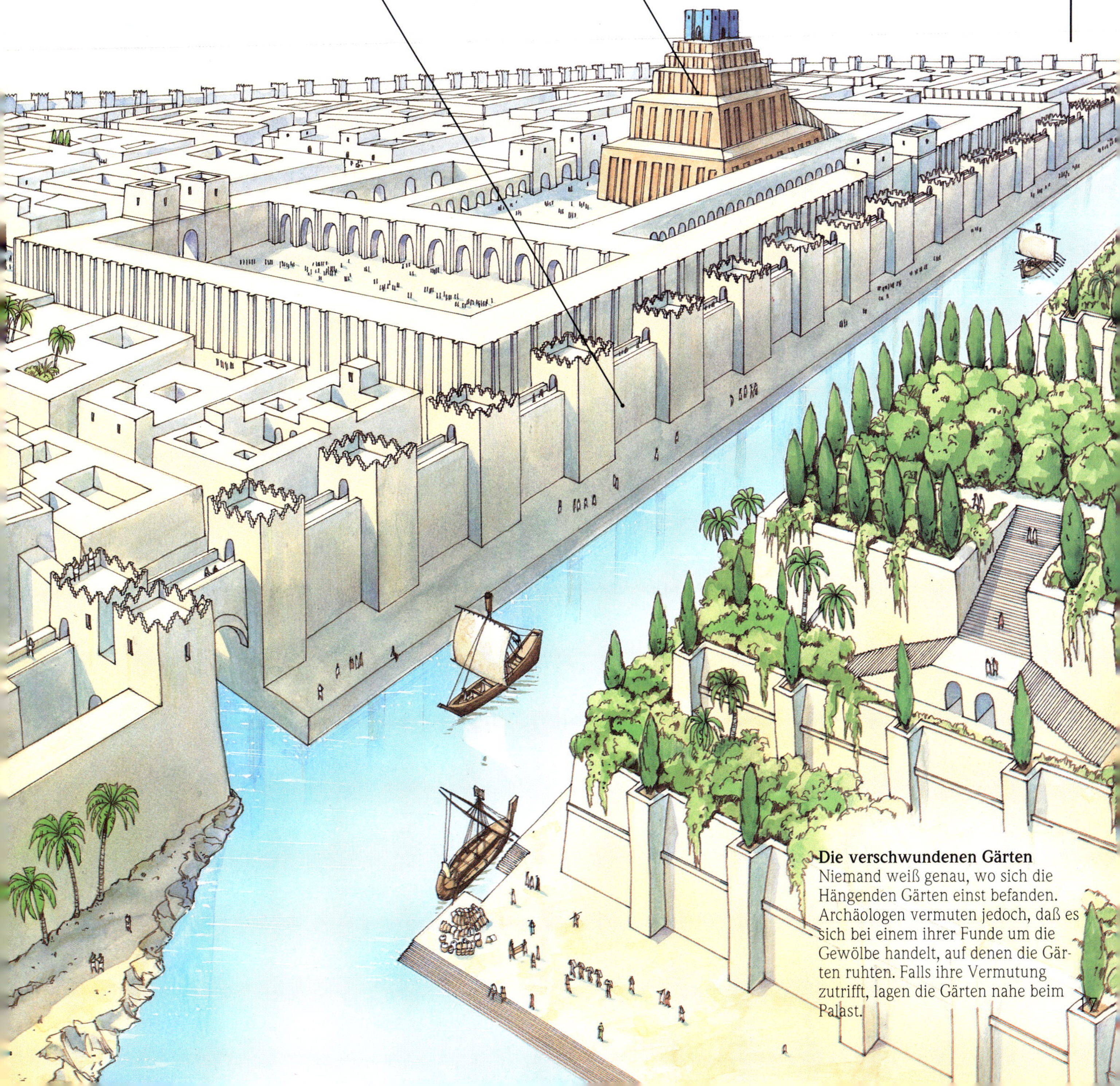

Die verschwundenen Gärten
Niemand weiß genau, wo sich die Hängenden Gärten einst befanden. Archäologen vermuten jedoch, daß es sich bei einem ihrer Funde um die Gewölbe handelt, auf denen die Gärten ruhten. Falls ihre Vermutung zutrifft, lagen die Gärten nahe beim Palast.

UNTERHALTUNG FÜR DAS VOLK

Wie die Hängenden Gärten von Babylon wurde auch das Kolosseum in Rom zur Unterhaltung der Menschen erbaut. An Festtagen strömten die Römer in dieses riesige Stadion und sahen sich das blutige Schauspiel der Gladiatorenkämpfe an.

Der Bau des Kolosseums wurde im Jahre 70 n. Chr. begonnen und zwölf Jahre später abgeschlossen. Die Konstruktion war eine Meisterleistung. Das Kolosseum war oval und hatte die Form von zwei zusammengefügten griechischen Theatern. So konnten die Zuschauer von allen Plätzen aus gut sehen. Die Römer benutzten bewegliche Baugerüste, damit ihre Sklaven an allen Abschnitten des Bauwerks gleichzeitig arbeiten konnten. Außerdem verwendeten sie Beton (den sie erfunden hatten) und verstärkten den Bau mit Metallrahmen.

Heute ist das Kolosseum verfallen, doch obwohl mehr als die Hälfte davon verschwunden ist, ist es immer noch das größte Bauwerk des Alten Rom.

Ein Tag bei den Spielen

So sah das Kolosseum aus der Vogelperspektive aus. Menschen drängen sich an den Eingängen, während in der Arena bereits blutige Kämpfe stattfinden. Auf dieser Abbildung wurde das Amphitheater so ausgeschnitten, daß die Gänge unter den Zuschauerrängen deutlich zu sehen sind.

Ein gewaltiges Bauwerk

Das Kolosseum ist riesig; es ist fast 50 Meter hoch und hat einen Umfang von 527 Metern. Einst schützten gewaltige Sonnensegel die Zuschauer auf den äußeren Rängen vor der Sonne.

Tausende von Zuschauern

Das Kolosseum konnte bis zu 50 000 Zuschauer aufnehmen, von denen jeder einen numerierten Sitzplatz hatte. Es gab achtzig Eingänge, so daß das Kolosseum notfalls auch schnell geräumt werden konnte. Der Kaiser hatte einen eigenen Eingang.

Das Theater von Epidauros

Um sich zu entspannen, sahen die Griechen in der Antike am liebsten Theaterstücke. Die Theater lagen im Freien, wie zum Beispiel dieses, das in Epidauros in Griechenland wieder hergerichtet wurde. Die an einem Berghang halbkreisförmig ansteigenden Zuschauerreihen bieten bis zu 14 000 Menschen Platz.

Eine perfekte Akustik

Noch heute ist die Akustik im Theater von Epidauros bemerkenswert. Ein leises Flüstern auf der Bühne ist selbst in der obersten Reihe noch klar und deutlich zu hören.

Die Zuschauerränge

Im Kolosseum gab es vier Ränge. Die besten Plätze waren die Logen des Kaisers und seiner Gäste. Die Sitzreihen in unmittelbarer Nähe der Arena waren den Adligen und den reichen Bürgern vorbehalten. Dahinter saß das gewöhnliche Volk. Die Frauen hatten ihren Platz im obersten Rang.

Das Schlachtfeld

Die Arena hatte einen Holzboden, der mit Sand bedeckt war. Kulissen wurden von unten mit Flaschenzügen heraufbefördert. Unterhalb der Zuschauerränge lagen unzählige Gänge, Kammern und die Tierkäfige.

Kämpfe auf Leben und Tod

Die Gladiatoren waren Kriegsgefangene, Verbrecher oder Sklaven. Sie wurden in speziellen Schulen auf die Kämpfe vorbereitet und erhielten dadurch eine Chance, sich die Freiheit zu erkämpfen. Wenn sich ein Gladiator tapfer schlug, zeigten der Kaiser oder das Publikum seine Begnadigung an, indem die den Daumen nach oben streckten. Wenn er besiegt worden war, zeigten die Daumen nach unten, und der Gladiator wurde auf der Stelle getötet.

Es gab verschiedene Kampftechniken bei den Gladiatoren. Manche kämpften mit einem Netz und einem Dreizack, andere mit Pfeil und Bogen oder mit Schwert und Schild, meistens zu Fuß, zum Teil aber auch zu Pferde.

Zu den großartigsten Ereignissen im Kolosseum gehörten nachgestellte Seeschlachten. Dazu wurde die Arena unter Wasser gesetzt, und die Gladiatoren bekämpften einander im Wasser oder von Booten aus.

Manche Gladiatoren mußten gegen wilde Tiere antreten, zum Beispiel gegen Löwen und Tiger. Wenn der Kampf beendet war, wurden die Menschen- und Tierleichen beseitigt und Sand über die Blutflecke gestreut.

PALÄSTE FÜR VERGNÜGEN UND BILDUNG

In den letzten Jahrzehnten wurden einige aufsehenerregende Bauwerke errichtet, die einer ganzen Reihe von kulturellen Zwecken dienen. In ihnen ist vieles unter einem Dach vereint — zum Beispiel Bühnen für Theateraufführungen, Konzerte und Opern, gelegentlich auch Museen, Kunstsammlungen und Bibliotheken. Der Sinn solcher Zentren ist es, den Menschen einen Ort zu bieten, an dem sie sich treffen und an den verschiedensten Unterhaltungsprogrammen teilnehmen können, ohne dabei so eingeschränkt zu sein, wie es in gewöhnlichen Museen, Kunstgalerien oder Theatern oft der Fall ist.

Obwohl viele dieser Kunst- und Kulturzentren sehr groß sind, sind sie weniger durch ihre Größe, als vielmehr durch ihre Schönheit und die originelle Bauweise berühmt geworden. Oft werden Wettbewerbe ausgeschrieben, um einen besonders gelungenen Entwurf für ein neues Zentrum zu bekommen. Auf diese Weise sind Baulichkeiten wie das Centre Pompidou in Paris und das Opernhaus von Sydney entstanden, die sich aus ihrer Umgebung hervorheben und zu besonderen Wahrzeichen ihrer Stadt wurden. Sie sind die „Weltwunder" unserer Zeit und locken jedes Jahr gewaltige Besucherscharen an.

Das Centre Pompidou

Dieses großartige Kunst- und Kulturzentrum wurde 1977 eröffnet. Es liegt mitten in Paris und enthält ein Museum für moderne Kunst, eine Bibliothek, Theater- und Konzertsäle, einen Kinosaal und noch vieles andere mehr.

Eigenwillige Architektur
Um innerhalb des Centre Pompidou möglichst viel freien Raum zu gewinnen, verlegten die Architekten die Stahlkonstruktion und die Versorgungsleitungen sichtbar an die Außenseite des Gebäudes.

Die Bedeutung der Farben
Das Gebäude wurde zusammengesetzt wie ein großer Spielzeugbausatz, mit verschiedenen Farben für verschiedene Teile (von denen hier nicht alle zu sehen sind). Das Rahmenwerk ist weiß, das Belüftungssystem blau, die Wasserrohre grün, die Aufzüge rot und die elektrische Anlage gelb.

Draußen geht es weiter
Vor dem Centre Pompidou liegt ein großer freier Platz, auf dem Freiluft-Unterhaltung geboten wird. Da die Rolltreppen und Gänge in durchsichtigen Röhren an der Vorderseite des Gebäudes verlaufen, können die Besucher von oben sehen, was auf dem Vorplatz vor sich geht.

Das Opernhaus von Sydney

Das Opernhaus von Sydney, das durchaus in unser Zeitalter der Raumfahrt paßt, ist eines der berühmtesten Wahrzeichen Australiens. Sein leuchtend weißes Dach erhebt sich wie eine Reihe von Segeln über den Hafen.

Das Opernhaus wurde von dem dänischen Architekten Jörn Utzon entworfen und 1973 eröffnet. Obwohl die Bauzeit 14 Jahre betrug und der Bau ein Vermögen kostete, ist das Opernhaus ein voller Erfolg geworden.

Im Opernhaus werden nicht nur Opern aufgeführt. Es ist ein Zentrum der darstellenden Künste, denn in den vier Sälen finden Konzerte, Opern-, Ballett- und Theateraufführungen sowie weitere Veranstaltungen statt.

Walt Disneys Traumland

Ursprünglich hatte Walt Disney sein EPCOT*-Centre in Disneyworld in Florida als überdachte Stadt ohne Umweltverschmutzung geplant. Inzwischen ist ein Ausstellungspark daraus geworden, der die Entwicklung der Kommunikation zwischen den Menschen im Laufe der Zeiten veranschaulicht. Hier abgebildet ist der beeindruckende Eingang, der aus einer fast 17 Stockwerke hohen Kugel besteht, die „Raumschiff Erde" genannt wird.

* Experimental Prototype Community of Tomorrow (Experimentelle Versuchsgemeinde der Zukunft)

3 DIE STATUE DES ZEUS

Im Jahre 433 v. Chr. beendete der griechische Bildhauer Phidias seine Arbeit an einer großartigen Statue des Zeus. Die Statue des höchsten Gottes der Griechen stand in Olympia in einem eigens für sie gebauten Tempel und galt schon recht bald als eines der Sieben Weltwunder. Für die alten Griechen war die Statue ein Symbol der Vollkommenheit, und jedes Jahr pilgerten Tausende von Menschen nach Olympia, um Zeus zu huldigen.

Die Statue nahm die gesamte Breite des Tempels ein. Sie war 12 Meter hoch und hätte, wie ein zeitgenössischer Autor schrieb, mit dem Kopf das Dach durchstoßen, wenn sie hätte aufstehen können.

Die Statue blieb jahrhundertelang in ihrem Tempel, der jedoch zur Zeit der Römer zerfiel. Im Jahre 394 n. Chr. gelangte die Statue wahrscheinlich nach Konstantinopel (dem heutigen Istanbul), wo sie vermutlich bei einem Brand vernichtet wurde.

König der Götter
Die Statue des Zeus saß auf einem gewaltigen Thron aus Zedernholz, in den Elfenbein, Gold, Ebenholz und Edelsteine eingelegt waren.

Eine kostbare Statue
Auf einem Gerüst aus Holz, Eisen und Gips wurde der Körper des Zeus aus Elfenbeinplatten modelliert. Das Gewand war mit Gold überzogen, Haare und Bart bestanden aus purem Gold und die Augen aus faustgroßen Edelsteinen.

Ein Symbol des Friedens
Auf der rechten Handfläche des Zeus stand eine mannshohe Statue der Nike, der geflügelten Göttin des Sieges.

Ein Symbol der Macht
In der linken Hand hielt Zeus ein glänzendes Zepter, auf dem ein Adler thronte. Dieses Zepter symbolisierte die Macht des Zeus.

OLYMPIA UND DIE OLYMPISCHEN SPIELE

Bei den alten Griechen galt der Olymp, der höchste Berg Griechenlands, als der Sitz der Götter. Jahrhundertelang huldigten sie vor allem Zeus, dem obersten ihrer Götter, in Olympia, das im 5. Jahrhundert v. Chr. eine der wichtigsten heiligen Stätten Griechenlands wurde. Die Arbeiten am Tempel des Zeus begannen 470 v. Chr. und dauerten 15 Jahre.

Aber Olympia war nicht nur wegen seiner Tempel berühmt. Hier fanden auch im Jahre 776 v. Chr. die ersten Olympischen Spiele statt. Alle vier Jahre wurden sämtliche Kriege unterbrochen, damit sich die Sportler in Olympia miteinander messen konnten.

Eine heilige Stätte
Olympia war in zwei Bezirke aufgeteilt. Der eine Teil, die Altis, war ein heiliger Hain, der den Göttern geweiht war. Im übrigen Stadtgebiet gingen die Bürger ihren Geschäften nach. Einer Legende zufolge wurde Olympia von Herakles, dem Sohn des Zeus, gegründet.

Vortreffliche Leistungen
Zu den Spielen kamen Athleten und Tausende von Zuschauern aus ganz Griechenland. Alle Sportler gaben ihr Bestes, um die Götter zu ehren. Die Spiele liefen nach strengen Regeln ab, und Verstöße gegen sie wurden bestraft.

Ein gewaltiger Tempel
Einer der größten Tempel seiner Zeit war der über 64 Meter lange und 18,3 Meter hohe Tempel des Zeus. Seine Säulen waren über 10 Meter hoch. Im 6. Jahrhundert n. Chr. wurde der Tempel durch ein Erdbeben zerstört.

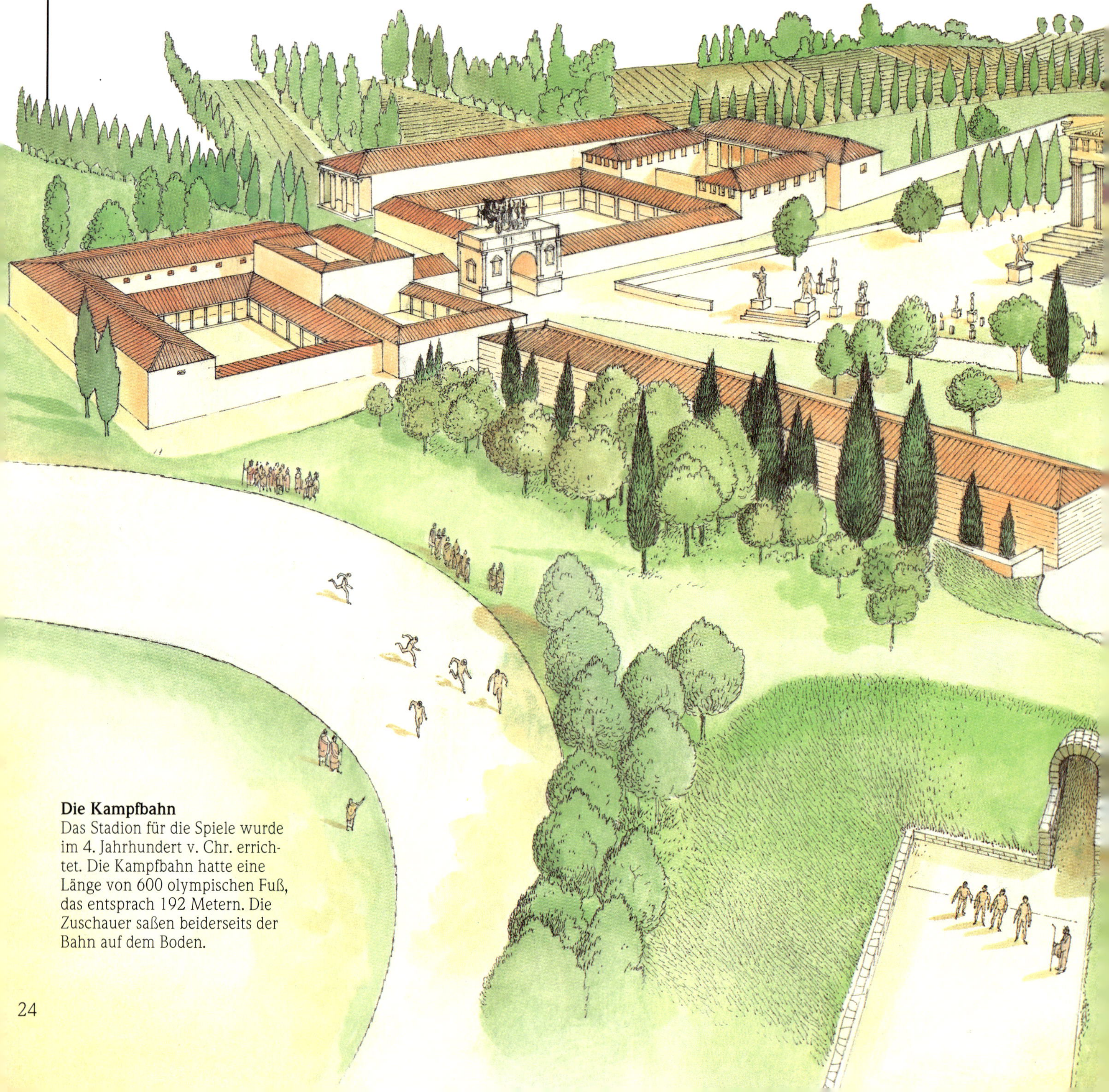

Die Kampfbahn
Das Stadion für die Spiele wurde im 4. Jahrhundert v. Chr. errichtet. Die Kampfbahn hatte eine Länge von 600 olympischen Fuß, das entsprach 192 Metern. Die Zuschauer saßen beiderseits der Bahn auf dem Boden.

Die griechischen Götter

Die alten Griechen glaubten an eine „Familie“ von Göttern, die ewig jung blieben und außerdem das Leben aller Menschen in ihren Händen hielten. Zeus, der König der Götter, herrschte über seine Familie; einige ihrer Mitglieder sind rechts abgebildet. Jeder Gott und jede Göttin hatte eine bestimmte Zuständigkeit, und für die wichtigsten von ihnen wurden eigene Tempel gebaut.

Wo lag Olympia?

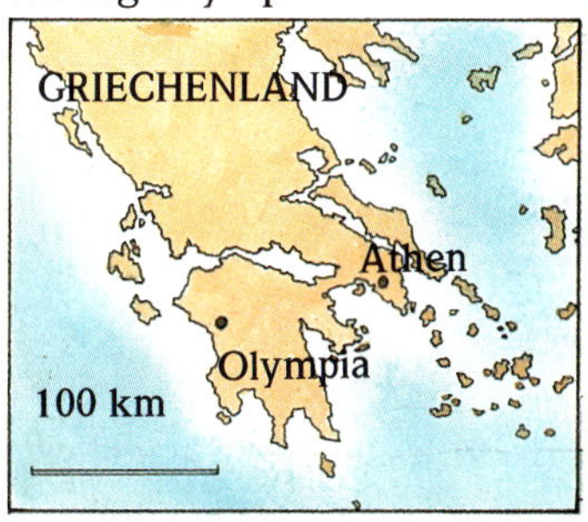

Olympia lag auf dem griechischen Festland und war eine der bedeutendsten Tempelstätten.

Befragung der Götter

Gewöhnliche Sterbliche, die vor schwierigen Problemen standen, konnten einen Tempel aufsuchen und die Götter um Rat bitten. An ihrer Stelle antworteten Priesterinnen, von denen man glaubte, daß sie imstande waren, die Stimmen der Götter zu hören und zu deuten.

Die Disziplinen

Zuerst bestanden die Olympischen Spiele nur aus einfachen Wettläufen, doch im Laufe der Jahre kamen noch andere Sportarten hinzu, und die Athleten konnten an allen unten abgebildeten Disziplinen und außerdem an Wagenrennen und am Pentathlon (Fünfkampf) teilnehmen. Die Spiele dauerten vier Tage; anschließend wurde ein großes Fest gefeiert.

GROSSE BUDDHAS

Der Buddhismus ist eine der ältesten Religionen der Welt. Er wurde im 6. Jahrhundert v. Chr. in Indien von Buddha, „dem Erleuchteten", begründet. Im 3. Jahrhundert v. Chr. war der Buddhismus bereits die Hauptreligion in Asien, und heute bekennen sich über 245 Millionen Menschen zum buddhistischen Glauben. Obwohl der Buddhismus aus dem Osten stammt, gibt es auch im Westen Anhänger dieser Religion.

Die Buddhisten glauben, daß sie durch Meditation und eine bestimmte Lebensweise zur wahren Erkenntnis religiöser Zusammenhänge gelangen können und eines Tages, von allen weltlichen Leiden befreit, ins „Nirwana" eingehen. Im Mittelpunkt der buddhistischen Verehrung steht ein Tempel, in dem immer mindestens eine Buddhastatue zu finden ist. Überall in der buddhistischen Welt gibt es zahllose Buddhadarstellungen der verschiedensten Art.

Die vielen Gesichter des Buddha
Hier sind drei sehr verschiedene Buddhastatuen abgebildet, deren Stil unverwechselbar ist und die sich erheblich von anderen religiösen Statuen unterscheiden.

Der Shwethalyaung-Buddha
Eine der außergewöhnlichsten und lebensechtesten Buddhafiguren ist die aus dem 10. Jahrhundert stammende Statue in Pegu in Burma. Die Statue, die Shwethalyaung genannt wird, ist 55 Meter lang und hat eine Schulterhöhe von 16 Metern. Nach der Zerstörung Pegus im Jahre 1757 wurde die Stadt vom Dschungel überwuchert. Jahrhundertelang lag der Shwethalyaung versteckt im Urwald, bis er 1881 wiederentdeckt wurde. 1906 umgab man ihn mit einem eisernen Pavillon und begann 1946 mit der Restaurierung.

Wat Trimitr

Auf einem Sockel im Innern von Wat Trimitr (dem Tempel des Goldenen Buddha) in Thailand steht eine großartige, 5 Meter hohe Buddhastatue. Sie besteht aus 5,5 Tonnen massivem Gold und ist damit eine der wertvollsten Statuen der Welt. Um den Wert dieser Statue aus dem 13. Jahrhundert geheimzuhalten, wurde sie mit Gips umhüllt. Erst als die Statue 1953 umstürzte und die Gipshülle abplatzte, kam die wahre Natur dieses Buddha zum Vorschein.

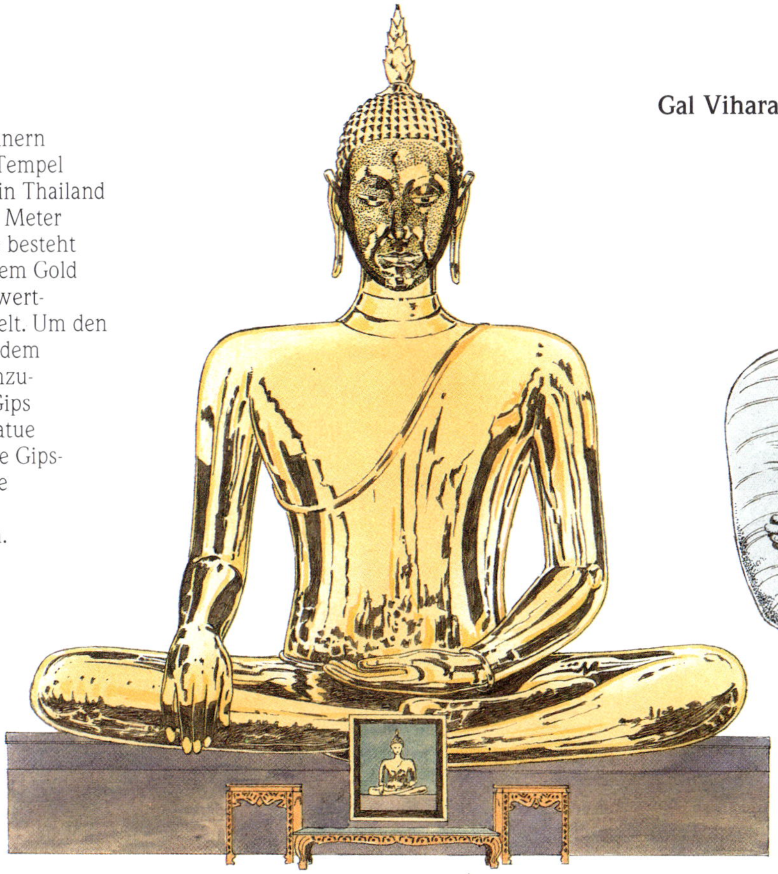

Gal Vihara

An einem abgelegenen Ort in der Nähe von Polonnaruwa auf der Insel Sri Lanka liegt Gal Vihara, das „Felskloster", mit vier Statuen, die aus einer Felswand herausgemeißelt wurden. Die Figuren stammen aus dem 12. Jahrhundert und nehmen verschiedene Haltungen ein: zwei von ihnen sitzen, eine liegt und eine steht.

WALLFAHRTSORTE

Eine Wallfahrt ist der Besuch einer heiligen Stätte. Schon seit der Antike haben Menschen immer wieder lange und gefährliche Reisen unternommen, um an einen solchen Ort zu pilgern und einer Gottheit oder einem Helden zu huldigen. Solche Orte können aus verschiedenen Gründen eine religiöse Bedeutung haben. Es kann sich zum Beispiel um den Geburtsort eines Propheten, um die letzte Ruhestätte eines Heiligen oder um den Schauplatz eines Wunders handeln.

Alle großen Religionen der Welt haben solche Orte, die für ihre Anhänger von besonderer Bedeutung sind. Katholische Christen pilgern nach Rom und Lourdes, Juden nach Jerusalem und Moslems nach Mekka. Unzählige Gläubige besuchen diese und andere Stätten, um ihren Gott anzubeten und ihren Glauben zu stärken. An ihnen werden, meist an Feiertagen, besondere Gottesdienste abgehalten oder religiöse Riten vollzogen.

Viele Pilger legen große Strecken zurück, oft zu Fuß. Manche von ihnen machen die weite Reise nur einmal in ihrem Leben. Sie kommen in der Hoffnung auf geistige Erbauung oder Heilung.

Jerusalem

Die goldene Stadt Jerusalem, das Zentrum des jüdischen Glaubens, zieht jedes Jahr Tausende von Pilgern an. Eines der wichtigsten Heiligtümer ist die Klagemauer. Sie soll der einzige noch erhaltene Überrest vom Tempel Salomos sein und ist 50 Meter lang und 18 Meter hoch. Juden aus der ganzen Welt besuchen das Heiligtum, beklagen die Zerstörung des Tempels und beten für seine Wiedererstehung. Den Ausdruck „Klagemauer" prägten europäische Reisende, als sie sahen, welche tiefe Bewegung die Pilger angesichts dieser Mauer überkommt.

Selbst von der Wand wird behauptet, daß sie klage. Wenn Tautropfen auf den Steinen erscheinen, heißt es, die Mauer weine über die Zerstörung des Tempels.

Mekka

Die Stadt Mekka in Saudi-Arabien ist der Geburtsort des Propheten Mohammed, des Begründers des Islam. Sie ist das Zentrum des islamischen Glaubens und einer der berühmtesten Wallfahrtsorte.

Die große Moschee
Die große Moschee, die im Jahre 630 n. Chr. von Mohammed gegründet wurde, hat einen 164 mal 111 Meter großen Innenhof, der von mehreren dekorativen Säulenreihen umgeben ist. Im Umkreis der Moschee stehen sieben Minarette, von denen aus die „Muezzins" die Gläubigen zum Gebet rufen.

Jährliche Pilgerfahrten
Die islamische Tradition schreibt vor, daß jeder Moslem wenigstens einmal in seinem Leben nach Mekka pilgern sollte. Jedes Jahr machen sich im letzten Monat des islamischen Kalenders über eine Million Pilger auf den Weg nach Mekka. Während dieser Zeit darf die Heilige Stadt nur von Moslems betreten werden.

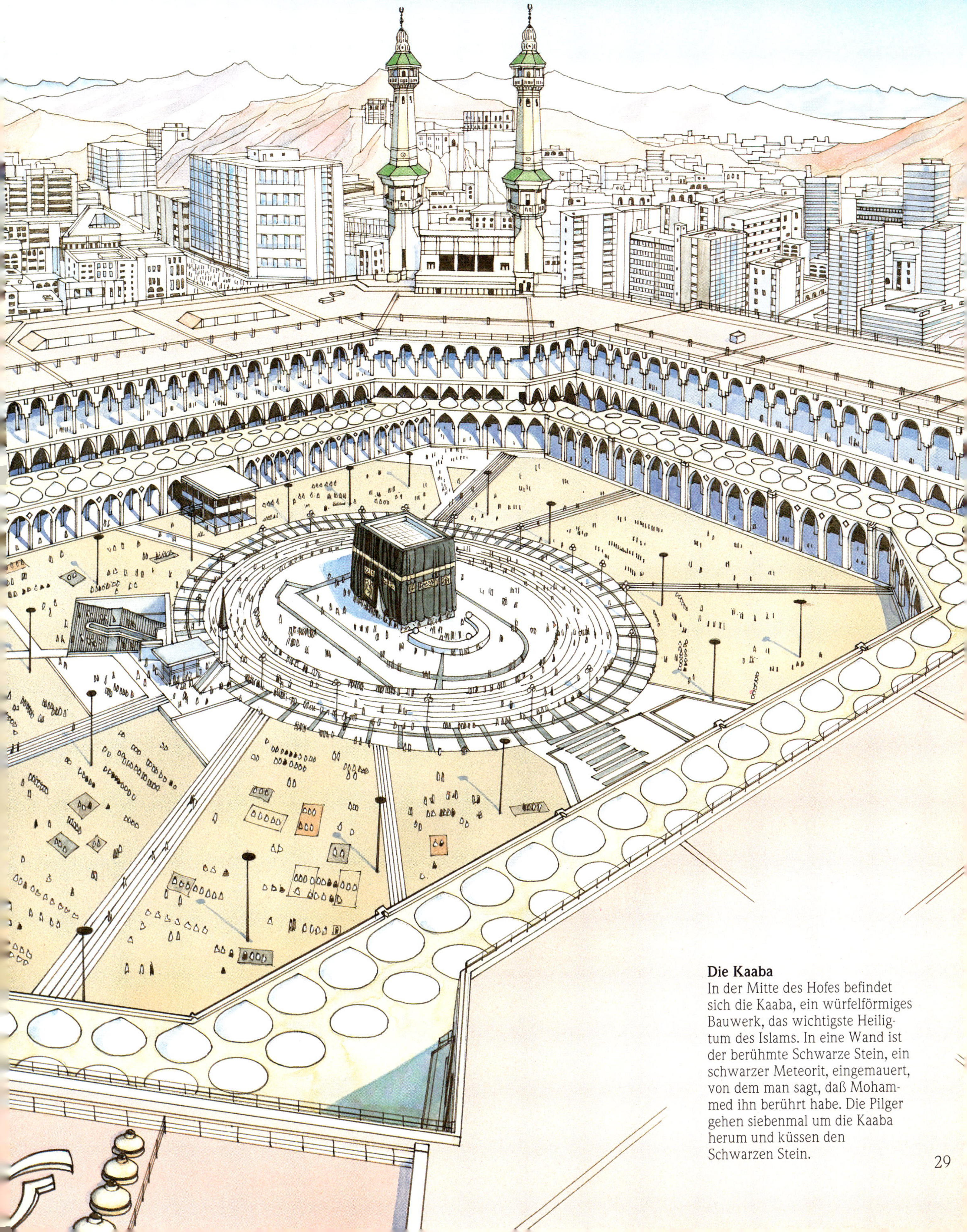

Die Kaaba
In der Mitte des Hofes befindet sich die Kaaba, ein würfelförmiges Bauwerk, das wichtigste Heiligtum des Islams. In eine Wand ist der berühmte Schwarze Stein, ein schwarzer Meteorit, eingemauert, von dem man sagt, daß Mohammed ihn berührt habe. Die Pilger gehen siebenmal um die Kaaba herum und küssen den Schwarzen Stein.

4 DER ARTEMISTEMPEL

Ungefähr im Jahre 550 v. Chr. ließ König Krösus von Lydien an der Küste von Kleinasien in der griechischen Stadt Ephesos, die er gerade erobert hatte, zu Ehren der Göttin Artemis einen großartigen Tempel errichten. Im Innenraum des Tempels stand eine prächtige Statue der Göttin, die mit Edelsteinen und Edelmetallen verziert war. Dieses „Artemision" wurde berühmt und zog Bewunderer von nah und fern an.

In einer Nacht im Jahre 356 v. Chr. kam jedoch ein Wahnsinniger namens Herostratos und steckte den Tempel in Brand. Das Feuer zerstörte das Dach, ließ die Säulen zusammenbrechen und die Statue umstürzen. Als Ephesos einige Jahre später von Alexander dem Großen erobert wurde, beschloß dieser den Bau eines neuen Artemistempels. Um 250 v. Chr. stand der Tempel wieder in seiner alten Pracht da und galt schon bald als eines der Sieben Weltwunder. Alexander der Große sollte die Fertigstellung des Bauwerkes allerdings nicht mehr erleben, weil die Bewohner von Ephesos 120 Jahre brauchten, um den Tempel zu errichten.

Das neue Artemision blieb weitere Jahrhunderte Mittelpunkt des religiösen Lebens, bis es 262 n. Chr. von durchziehenden Goten geplündert und teilweise zerstört wurde. Später wurden die Reste des einstigen Prachtbaus zum Steinbruch. Was übrig blieb, versank im Laufe der Zeit in der sumpfigen Flußniederung, die allmählich verlandete.

Ein gewaltiger Bau
Der Artemistempel war einer der größten seiner Zeit. Er hatte eine rechteckige Form und war 52 Meter breit und 112 Meter lang.

Eine Vielzahl von Säulen
Der Tempel hatte 127 Säulen. Die vorderen trugen reichen Bilderschmuck, der berühmte Götter- und Heldentaten darstellte.

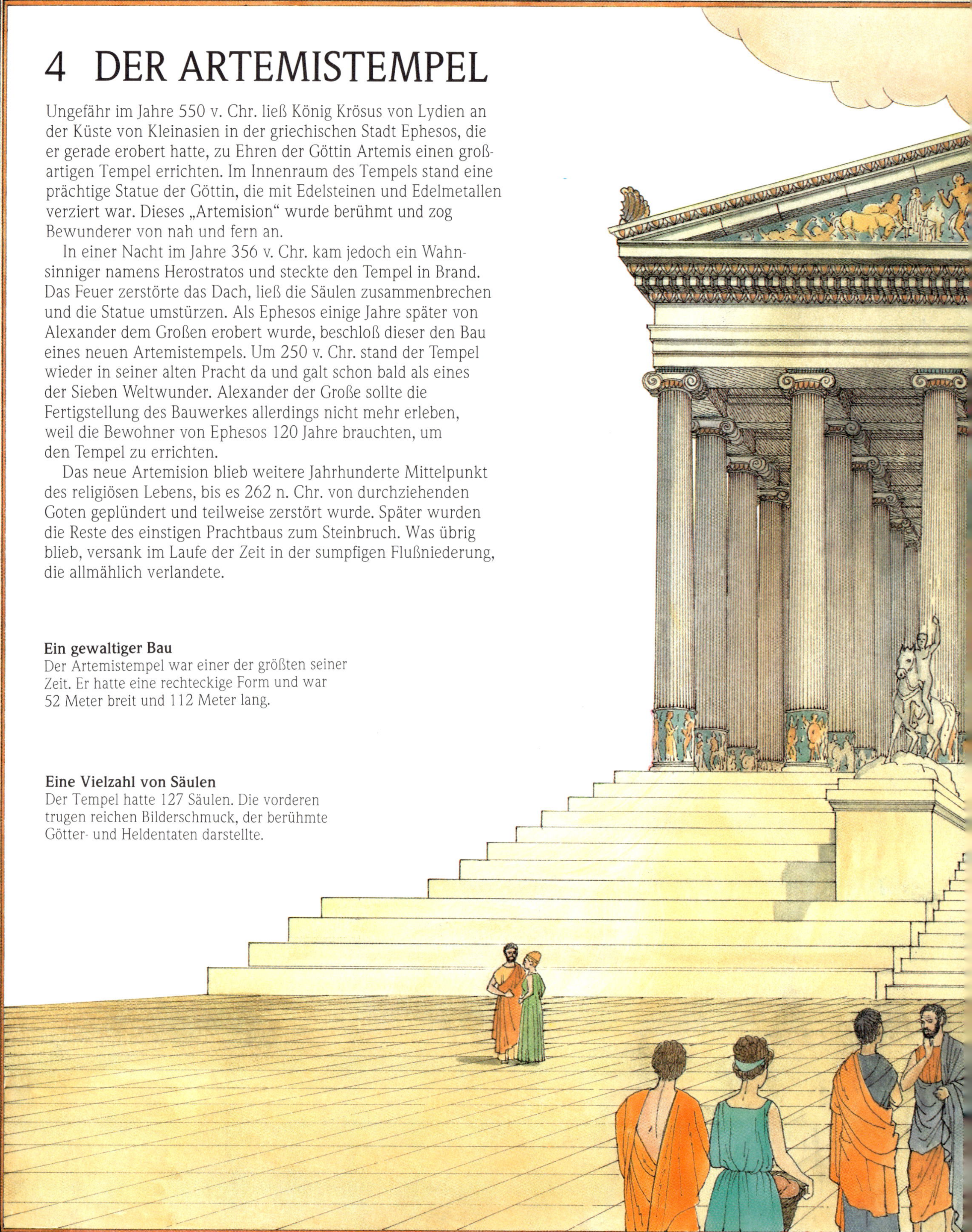

Die ganze Pracht
Hier ist der Tempel so abgebildet, wie er auf dem Höhepunkt seines Ruhms vor 2000 Jahren aussah. Als Weltwunder galt er nicht nur wegen seiner Größe, sondern auch wegen des großartigen Skulpturenschmucks.

DER BAU DES TEMPELS

Der Tempel bestand aus dem inneren Heiligtum und einer Vorhalle. Parallel zu den Außenmauern verliefen zwei Reihen massiver Säulen von 20 Meter Höhe und 3 Meter Durchmesser. Nachdem das Fundament gelegt und der Sockel errichtet worden war, wurden die Säulen, Block für Block, langsam hochgezogen. Mit Kränen und Flaschenzügen wurden die schweren Steinblöcke angehoben; als das Gebäude allmählich Form annahm, wurden Gerüste aufgestellt.

Die Mauern waren aus gelbem Kalkstein, der mit Marmor verkleidet wurde; die Säulen bestanden ganz aus Marmor. Im letzten Bauabschnitt wurde das Dach aufgesetzt. Dann begannen die Bildhauer mit den Skulpturen, die den Tempel berühmt machten.

Der Bau des Tempels
Auf diesem Bild ist zu sehen, wie der Tempel gebaut wurde. Mit Kränen und Seilen wurden die Säulen Stück für Stück zusammengesetzt.

Wie sah er aus?
Viele Archäologen haben versucht, aus den wenigen gefundenen Bruchstücken zu ersehen, wie der Tempel wirklich aussah. Die besten Anhaltspunkte liefern Bilder auf Münzen aus dieser Zeit.

Die Ausnahme
Die meisten griechischen Tempel hatten nur eine Säulenreihe, doch der Artemistempel, eines der großartigsten Bauwerke seiner Zeit, bildete eine Ausnahme von der Regel.

Wo lag der Tempel?

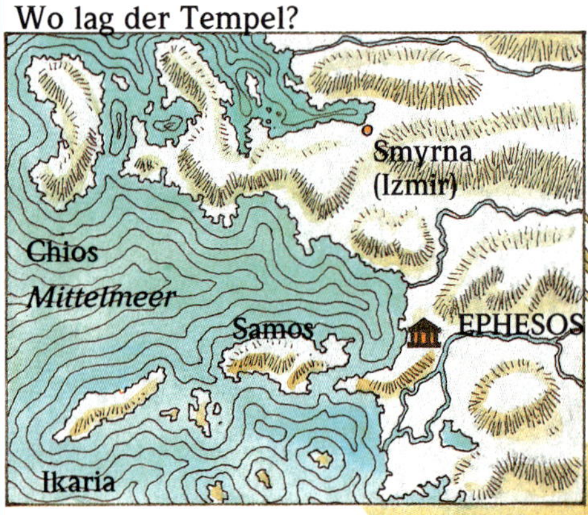

Das Verschwinden des Tempels
Die Ruinen des Tempels versanken allmählich in der Erde, und jahrhundertelang wußte niemand, wo der Tempel gestanden hatte. Erst 1863 wurden seine Überreste von dem englischen Archäologen Wood wiederentdeckt.

Der letzte Schliff
Die Säulen des Tempels wurden in einem Stil errichtet, der als „ionisch" bezeichnet wird. Den oberen Abschluß bildeten Kapitelle, die aussahen wie an beiden Seiten eingerollte Blätter.

Die Errichtung des Dachs
Der Dachstuhl und das Innengebälk bestanden aus Zedernholz. Das Dach war mit glatten und gerillten Terrakottaziegeln gedeckt.

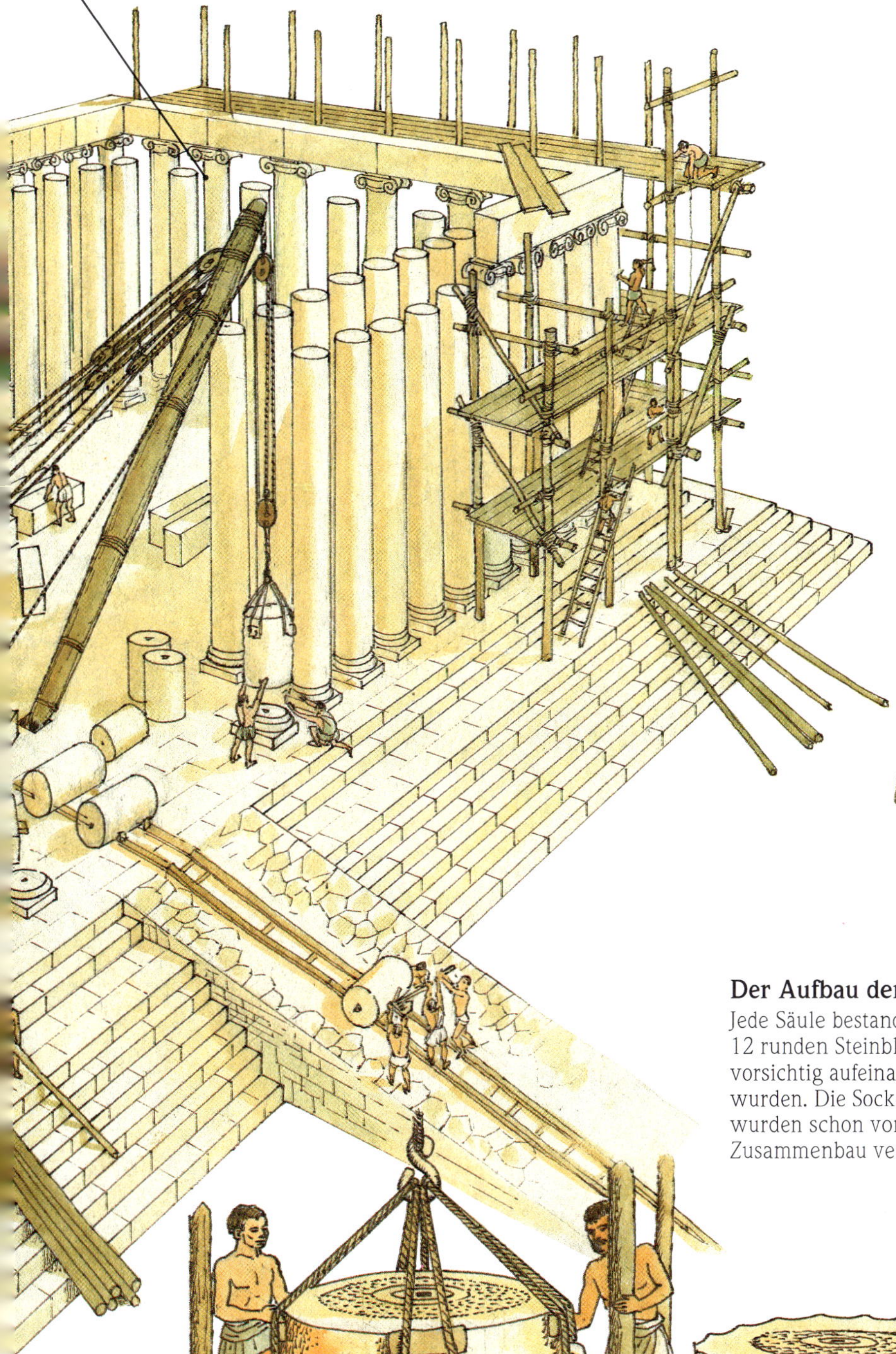

Die Artemisstatue

In der Mythologie der alten Griechen galt Artemis als Jägerin und Göttin der Fruchtbarkeit. Die Statue im Artemistempel bestand aus Gold, Silber, Ebenholz und schwarzem Stein. Ihre vielen „Brüste" waren Stierhoden, ein Symbol der Fruchtbarkeit.

Der Aufbau der Säulen
Jede Säule bestand aus ungefähr 12 runden Steinblöcken, die vorsichtig aufeinandergesetzt wurden. Die Sockel der Säulen wurden schon vor dem Zusammenbau verziert, doch die restlichen Steinmetzarbeiten wurden erst später ausgeführt. Außerdem meißelten die Steinmetze in alle Säulen von oben nach unten durchgehende Rinnen ein.

DAS STREBEN NACH DEM HIMMEL

Tempel wie das Artimision wurden schon seit frühester Zeit in vielen Teilen der Welt gebaut. Die ersten christlichen Kirchen entstanden erst im 3. Jahrhundert, doch heute gehören viele Kirchen und Kathedralen zu den großartigsten und prachtvollsten Bauwerken aller Zeiten.

Viele Kirchen sind sehr groß und reich geschmückt, da die Baumeister oft versuchten, sie so zu gestalten, daß die Gläubigen das Gefühl haben, im Himmel zu sein. Selbst in den ärmeren Ländern waren Reichtum und Macht der Kirche so groß, daß beim Bau einer Kirche oder Kathedrale keine Kosten gescheut wurden. Je nach dem Ort und der Zeit ihrer Erbauung unterscheiden sich Kirchen zwar oft stark voneinander, aber viele von ihnen sind so groß, daß sie das gesamte Stadtbild beherrschen. Manche haben sehr hohe Türme und andere gewaltige Kuppeln. Doch ob groß oder klein, alle dienen dem gleichen Zweck: der christlichen Gottesverehrung.

Vier verschiedene Kirchen

Die vier hier abgebildeten Kirchen stehen in verschiedenen Ländern und unterscheiden sich in Aussehen und Baustil erheblich voneinander. Jede von ihnen ist außergewöhnlich: entweder durch ihre Größe oder durch ihre Einmaligkeit.

Die Kirche „Sagrada Familia“ (Heilige Familie)

An dieser monumentalen Kirche arbeitete der spanische Architekt Antonio Gaudi von 1883 bis zu seinem Tode im Jahre 1926; sie ist bis heute im Bau. Die verzierten Türme erheben sich wie steinerne Kerzen weithin sichtbar über Barcelona.

Die Basiliuskathedrale in Moskau

Die Basiliuskathedrale, die auf dem Roten Platz in Moskau steht, wurde von 1555 bis 1560 im Auftrag von Iwan dem Schrecklichen gebaut und besteht eigentlich aus neun Kirchen — acht kleinere Kapellen sind um eine Hauptkapelle herum angeordnet. Heute ist die Kathedrale ein Museum.

Sankt Peter in Rom
Die größte Kirche der Welt, der Petersdom, wurde zwischen 1506 und 1626 über dem Grab des Apostels Petrus errichtet. Der Grundriß hat die Form eines Kreuzes. Die Kirche ist über 213 Meter lang. Die gewaltige Kuppel hat einen Durchmesser von 42 Metern.

Ulmer Münster
In der süddeutschen Stadt Ulm erhebt sich der höchste Kirchturm der Welt über die mittelalterlichen Häuser; er ist 161 Meter hoch. An dem Münster, das bis zu 3000 Menschen Platz bietet, wurde von 1377 bis ins 16. Jahrhundert gebaut.

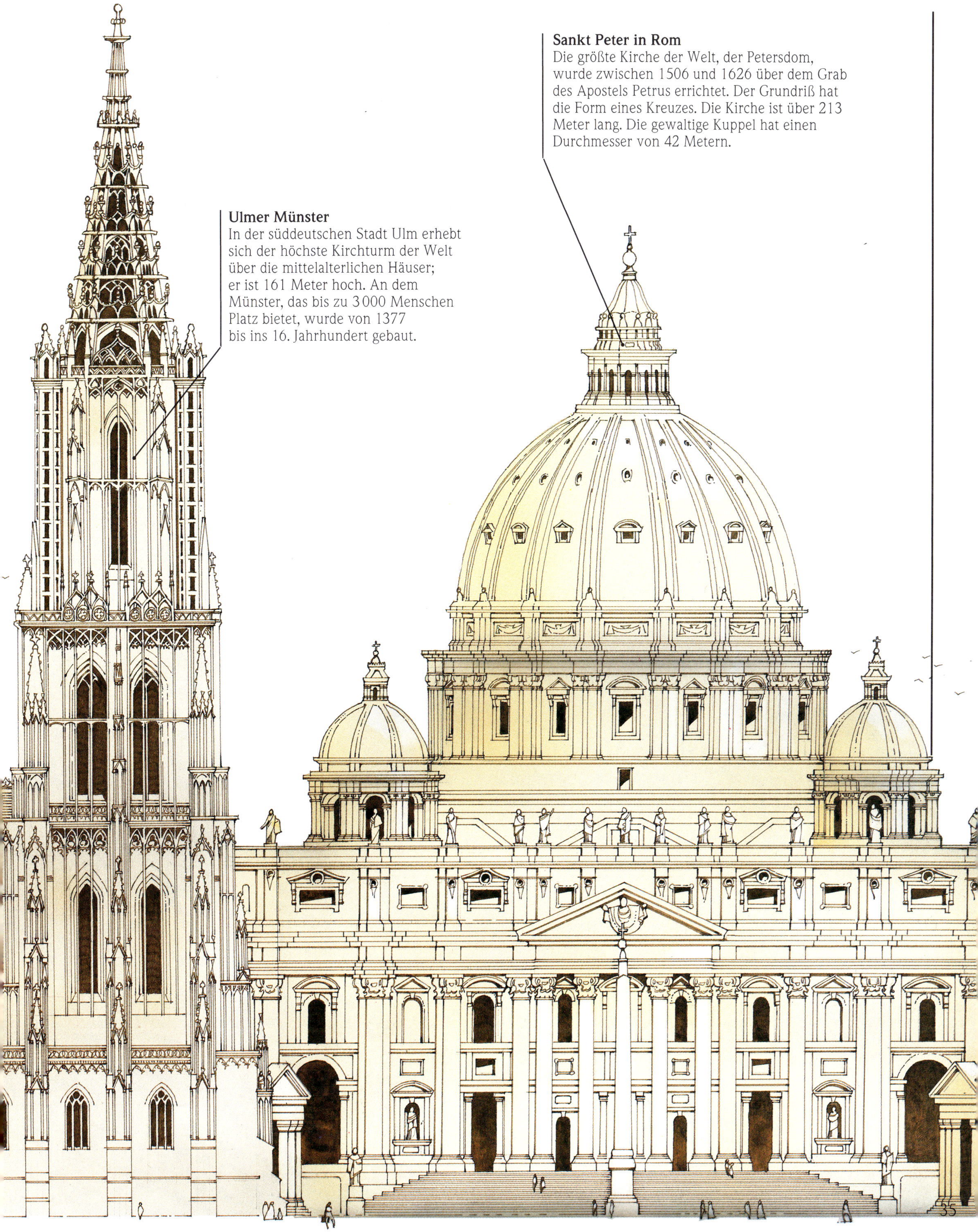

DER BAU EINER KATHEDRALE

Die großartigsten aller Kirchen, die Kathedralen, sind Meisterwerke der Baukunst. Ihr Bau zog sich oft über mehrere Jahrhunderte hin.

Die Blütezeit des Kathedralenbaus war das Mittelalter. Viele von ihnen wurden im gotischen Stil errichtet und haben hochaufsteigende Spitzbögen, hohe Decken mit Rippengewölben und Mauern mit großen, flügelähnlichen Stützen, die Strebepfeiler und Strebebögen genannt werden.

Die ersten gotischen Kathedralen wurden in Nordfrankreich gebaut. Die typischste von ihnen dürfte die Kathedrale von Chartres südwestlich von Paris sein, die seit dem frühen 13. Jahrhundert unverändert geblieben ist.

Die letzten Feinheiten
Die Kathedrale von Chartres, die zwischen 1194 und 1260 im gotischen Stil neu errichtet wurde, ist berühmt für ihre Buntglasfenster und ihre Skulpturen. Hier ist die Kathedrale während des letzten Bauabschnitts abgebildet.

Hoch über dem Boden
Hölzerne Rahmen für das Dach wurden am Boden gefertigt und dann über Flaschenzüge bis an die Oberkante der Mauern hochgezogen. Ein Gerüst wurde aufgestellt, und eine Winde beförderte die Steine für das Dach nach oben.

Hochaufragende Wände
Die Mauern bestanden aus schlanken, aus Stein gemeißelten Pfeilern. Die Zwischenräume wurden hauptsächlich mit dem steinernen Rahmenwerk der Fenster, dem Maßwerk, oder auch mit massivem Mauerwerk angefüllt.

Verstärkung der Mauern
Damit die Mauern dem Gewicht der Deckengewölbe standhielten, wurden Stützen, die sogenannten Strebepfeiler, errichtet und durch Strebebögen mit den Mauern verbunden.

Spuckende Bestien
Die Strebepfeiler hatten Regenrinnen, an deren Enden Wasserspeier saßen, von denen viele die Gestalt von furchterregenden Fabeltieren hatten. Wenn es regnete, sah es aus, als käme das Wasser aus ihren Mäulern.

Fenster wie Edelsteine
Chartres hat 160 Buntglasfenster, darunter die berühmte Blaue Rose. Bunte Glasstücke wurden mit Bleistegen verbunden und dann durch Eisenstäbe so zusammengehalten, daß die Fenster eine große Höhe erreichten.

Ein stabiles Fundament
Im ersten Bauabschnitt wurde das Fundament errichtet. Für die Kathedrale von Chartres ließ man dicke Mauern etwa acht Meter tief in die Erde ein, um dem Bauwerk Halt zu geben und ihm einen absolut ebenen Untergrund zu schaffen.

5 DAS MAUSOLEUM VON HALIKARNASSOS

Im 4. Jahrhundert v. Chr. herrschte König Mausolos über Karien, das in der heutigen Türkei liegt. Ihm werden viele Städteneugründungen und Bauvorhaben zugeschrieben. Er scheint den Ehrgeiz besessen zu haben, die Bevölkerung Kariens, die in Dörfern verstreut lebte, in mehreren Städten zusammenzufassen. Vor allem aber gründete er die neue Hauptstadt Halikarnassos.

Gegen Ende seines Lebens entschloß sich Mausolos, sich ein Grabmal erbauen zu lassen, das ewig an seine Macht und Bedeutung erinnern sollte. Es wurde ein gewaltiges Grabmal, keine Kosten wurden gescheut. Später wurden alle ähnlichen Grabmäler nach dem Erbauer des ersten „Mausoleum" genannt.

Das Ende des Mausoleums
Das Mausoleum überdauerte mehrere Jahrhunderte, ehe es zur Ruine zerfiel. 1581 wurden Steine aus dem Mausoleum zum Bau einer Festung verwendet.

Eine beachtliche Größe
Der Sockel des Mausoleums bedeckte eine Fläche von 38,4 mal 32 Metern. Seine Höhe betrug 42,6 Meter.

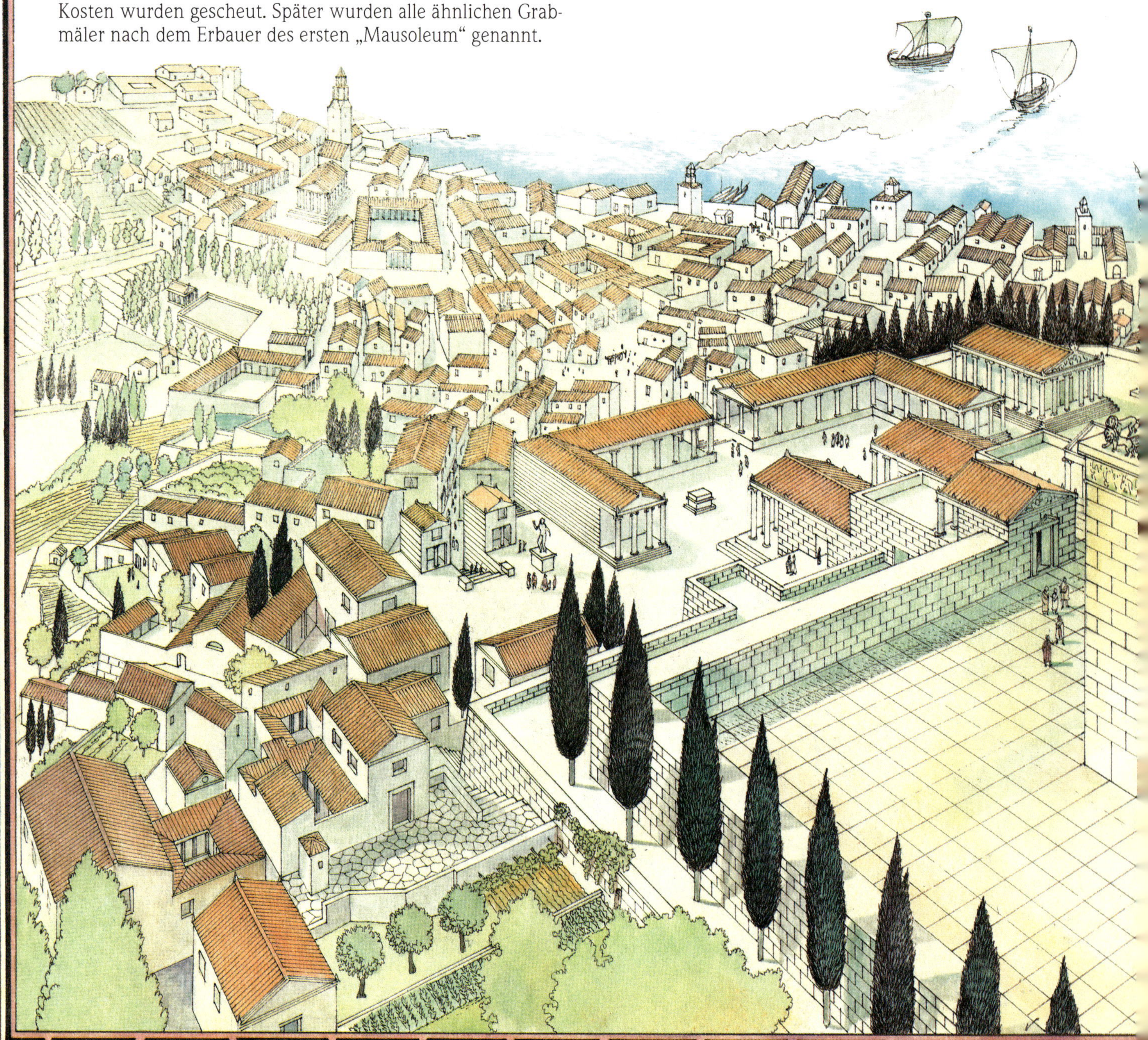

Ein erhabener Tempel
Nach den Rekonstruktionen von Archäologen hat das Mausoleum einst ausgesehen wie ein klassischer griechischer Tempel auf einem gewaltigen Sockel.

DER BAU DES MAUSOLEUMS

Mausolos hoffte, das Grabmal würde bis zu seinem Tode fertiggestellt sein. Doch als er im Jahre 353 v. Chr. starb, war das Bauwerk noch nicht vollendet. Es wurde erst vier Jahre später unter der Leitung seiner Witwe Artemisia fertiggestellt.

Das Grabmal bestand aus leuchtend weißem Marmor und hatte drei Stockwerke, die von einem von Säulen umgebenen und mit Statuen geschmückten Tempel gekrönt wurden. Das pyramidenförmige Dach des Tempels trug einen Sockel, auf dem überlebensgroße Statuen von Mausolos und Artemisia in einem mit vier Pferden bespannten Streitwagen standen.

Eine gewagte Konstruktion

Alten Schriften zufolge wurde das Mausoleum von vielen Tausenden von Männern in vier Abschnitten gebaut. Die Bauzeit betrug mehr als zehn Jahre.

Die Erbauer

Pythios, ein griechischer Architekt, leitete die Bauarbeiten, und der griechische Bildhauer Skopas war für den plastischen Schmuck zuständig. Als Mausolos gestorben war, ließ Artemisia die Bauarbeiten vollenden.

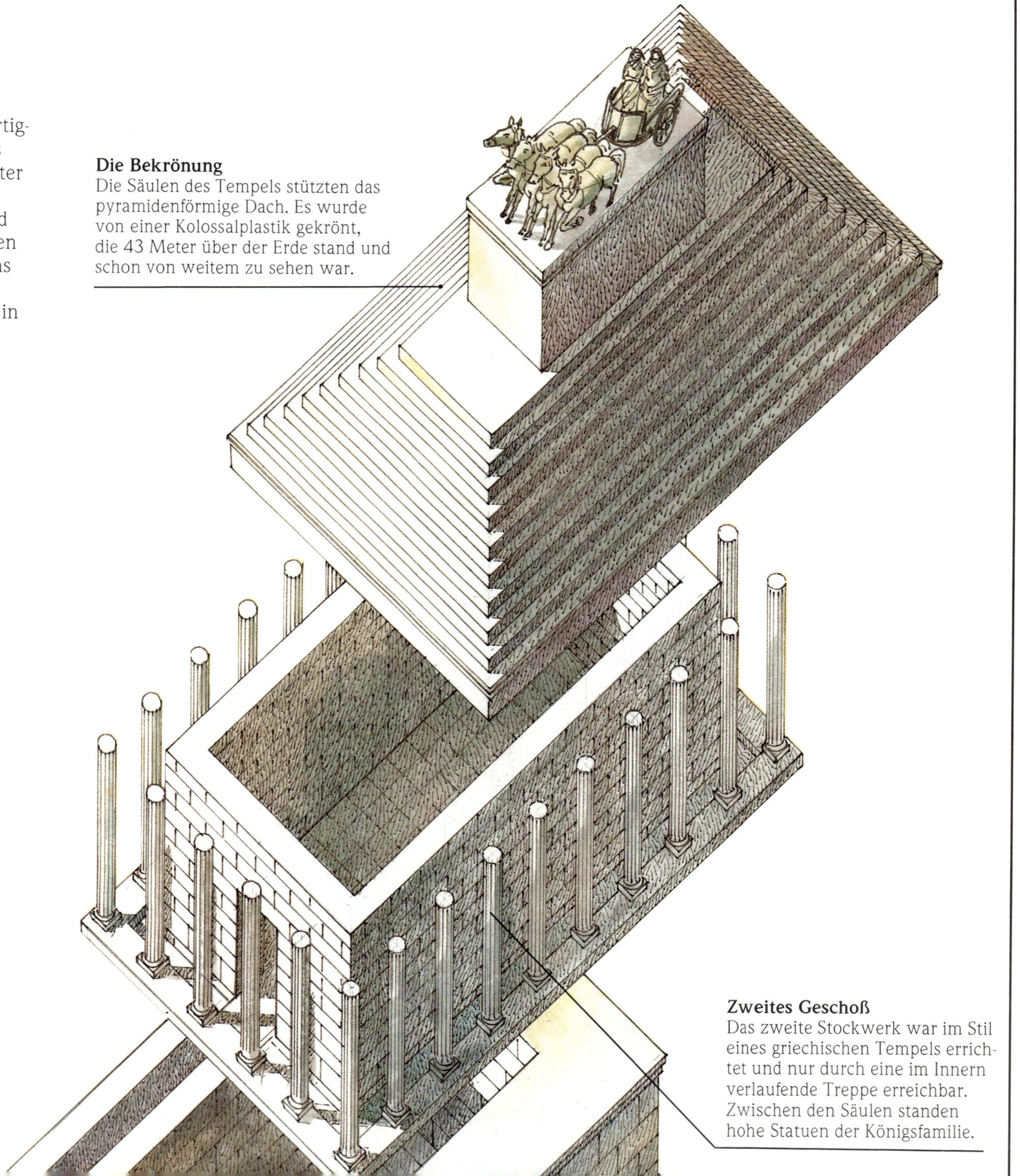

Die Bekrönung
Die Säulen des Tempels stützten das pyramidenförmige Dach. Es wurde von einer Kolossalplastik gekrönt, die 43 Meter über der Erde stand und schon von weitem zu sehen war.

Zweites Geschoß
Das zweite Stockwerk war im Stil eines griechischen Tempels errichtet und nur durch eine im Innern verlaufende Treppe erreichbar. Zwischen den Säulen standen hohe Statuen der Königsfamilie.

Erdgeschoß
Das unterste Geschoß ruhte auf einem großen Sockel. In diesem Teil des Mausoleums lag die Grabkammer mit dem Sarkophag des Königs Mausolos. Besucher konnten die Grabkammer durch eine große Tür an der Seite des Gebäudes betreten.

Erstes Geschoß
In die Außenwand des ersten Stockwerks war eine Reihe von Löwen eingemeißelt, die das Grabmal bewachen sollten. Außerdem waren die Wände mit Bildern verziert, die die Griechen im Kampf mit legendären Kriegerinnen, den Amazonen, zeigten.

Der Streitwagen
Der krönende Abschluß war eine großartige Marmorplastik mit drei Meter hohen Statuen von Mausolos und Artemisia in einem Streitwagen mit Viergespann. Bruchstücke von dieser Plastik, darunter ein Wagenrad mit einem Durchmessser von 3,8 Metern, sind heute im Britischen Museum in London ausgestellt.

Wo lag Halikarnassos?

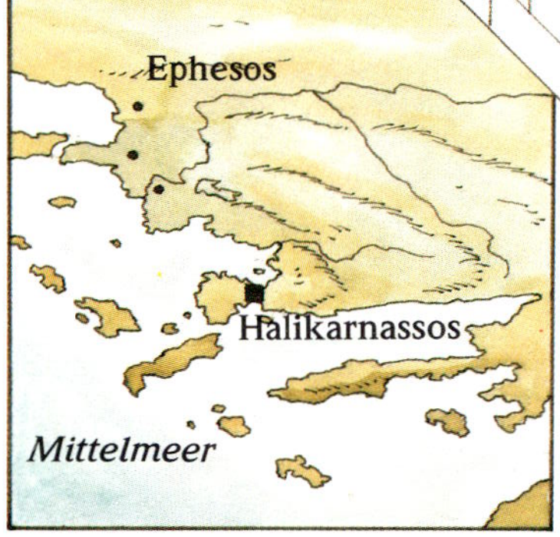

DER TADSCH MAHAL

An den Ufern des Flusses Jumna in der Nähe der nordindischen Stadt Agra steht der Tadsch Mahal, eines der schönsten und romantischsten Grabmäler der Welt. Schah Dschahan, einer der indischen Mogulherrscher des 17. Jahrhunderts, erbaute dieses Grabmal als Erinnerung an seine Lieblingsfrau Mumtaz Mahal, die im Kindbett gestorben war. Der verzweifelte Schah hatte ursprünglich vor, am anderen Flußufer eine genaue Kopie des Tadsch Mahal in schwarzem Marmor als Grabmal für sich selbst zu errichten. Doch bevor er seinen Plan in die Tat umsetzen konnte, riß sein Sohn die Macht an sich und ließ ihn verhaften. Der Schah verbrachte den Rest seines Lebens in der Festung von Agra, von wo er über den schlammigen Fluß die letzte Ruhestätte seiner Frau betrachten konnte. Als der Schah 1658 starb, wurde er neben seiner Frau in ihrem Grabmal beigesetzt.

Ein Bild des Friedens
Der Weg zum Tadsch Mahal führt zuerst durch ein Tor, dann durch einen wunderschönen, ummauerten Garten, in dem ein von Zypressen gesäumtes Wasserbecken das Grabmal reflektiert.

Ein Denkmal aus einer anderen Welt
Der Tadsch Mahal mit seinen von Kuppeln gekrönten Türmen und schlanken Minaretten scheint aus einem Märchen zu stammen. Der weiße Marmor erscheint je nach Wetter und Tageszeit in einer anderen Farbe.

Alles aus Liebe
Zwanzigtausend Männer waren 22 Jahre lang damit beschäftigt, den 1632 begonnenen Bau fertigzustellen. Sie kamen aus allen Ländern Asiens, aber auch aus Frankreich und Italien.

Alle Formen und Größen

Seit den frühesten Zeiten haben Menschen Grabmäler errichtet, um die Toten zu ehren. Obwohl sie sich erheblich voneinander unterscheiden, ist doch jedes von ihnen auf seine Art großartig.

Das Lincoln-Memorial
Das in Washington D. C. zum Gedächtnis an Abraham Lincoln errichtete Denkmal besteht aus weißem Marmor und erinnert an einen griechischen Tempel.

Das Grabmal des Gotenkönigs Theoderich
Dieses Grabmal wurde 530 n. Chr. in Ravenna in Italien erbaut. Sein kuppelförmiges Dach ist aus einem einzigen Stein gehauen.

Gunbad-i-Qabus in Gungan
Die Form dieses zu Beginn des 11. Jahrhunderts in Persien erbauten Grabmals erinnert an eine Rakete. Es wurde aus Ziegelsteinen aufgemauert und ist 50 Meter hoch.

Kostbarer Schmuck
Die Grabmäler der Mogulherrscher wurden großartig ausgeschmückt. In die zierlichen Marmorgitter des Tadsch Mahal sind 43 verschiedene Arten von Edelsteinen eingelassen, darunter Jade, Bergkristall, Saphire und Diamanten.

Die Wächter des Schatzes
Als das Grabmal fertig war, wurde der Sarg mit einer Umhüllung aus reinem Gold umgeben, die Schah Dschahan sogar noch mit Perlen und Diamanten bestreut haben soll. Vor dem Tadsch Mahal standen 2000 Soldaten, die die Schätze bewachen mußten.

Das Bauwerk steht noch
Nach dem Zusammenbruch der Mogulherrschaft brachen Räuber in das Grabmal ein und stahlen einen Großteil der Schätze. Der Tadsch Mahal selbst blieb dabei unversehrt. Dieses Symbol ewiger Liebe ist Indiens berühmteste Sehenswürdigkeit.

DIE GRABWÄCHTER

Schon im 10. Jahrhundert v. Chr. ließen sich chinesische Kaiser in den Außenbezirken ihrer Städte gewaltige Grabmäler bauen. Diese Grabmäler wurden mit reichen Schätzen angefüllt, doch ihre Berühmtheit verdanken sie nicht dieser Tatsache. Das Besondere an ihnen ist, daß sowohl in den Grabkammern als auch an den zu ihnen hinführenden Straßen große Statuen von Tieren und Kriegern aufgestellt waren.

Diese Statuen sollten die Seele des Kaisers begleiten, wenn sein Körper bestattet wurde; sie sollten böse Geister abwehren, Glück bringen und dem Kaiser in seinem nächsten Leben dienen.

Hier werden die Wächter des Grabmals eines frühen Kaisers von China mit denen der Ming-Gräber verglichen, die rund 2000 Jahre später gebaut wurden.

Die Terrakotta-Armee
1974 stießen Bauern, die einen Brunnenschacht gruben, in der Provinz Schansi im Nordwesten Chinas auf Tausende von lebensgroßen Terrakotta-Kriegern, die seit 2000 Jahren das Grabmal des Kaisers Shih Huang Ti bewacht hatten.

Zum Gedächtnis eines Kaisers
Die Arbeiten am Grabmal von Shih Huang Ti, der von 221 bis 209 v. Chr. regierte, begannen kurz nach seiner Thronbesteigung und wurden in aller Stille 36 Jahre lang weitergeführt. Das Grabmal wurde als unterirdische „Kaiserstadt" mit einem Thronsaal und Schatzkammern ausgebaut.

Das unentdeckte Grab
Bisher haben die Archäologen das Grabmal noch nicht freigelegt, aber etwa 2 Kilometer davon entfernt wurde die Terrakotta-Armee entdeckt. Sie besteht aus 8000 Statuen von Soldaten, einige von ihnen zu Pferde und mit Streitwagen, die sich zum Kampf aufgestellt haben.

Absolut lebensecht
Die aus Ton hergestellten Figuren sind durchschnittlich 1,8 Meter hoch und hohl mit massiven Armen und Beinen. Die Hände und Köpfe wurden einzeln modelliert. Jede der Figuren hat einen anderen Gesichtsschnitt und -ausdruck und trägt ein Rangabzeichen.

Der Seelenweg zu den Ming-Gräbern

48 Kilometer nördlich von Peking liegen die Grabmäler der Kaiser der Ming-Dynastie, die vom 15. bis 17. Jahrhundert in China herrschten. Der Seelenweg war die Straße, die der Leichenzug mit dem Sarg des Kaisers benutzte. Die sieben Kilometer lange Strecke sollte die Reise der Seelen vom Leben in einen friedvollen Tod darstellen und führte durch mehrere Tore und Bögen, ehe sie in die Straße der Tiere einmündete.

Die Straße der Tiere

Die Straße der Tiere ist von massiven Tierstatuen gesäumt, die bis zu 3,5 Meter hoch sind und von denen jede aus einem einzigen Block blauen Kalksteins herausgehauen ist. Von den insgesamt 48 Tieren bilden jeweils zwei ein Paar, die sich beiderseits der Straße gegenüberstehen: Löwen, Kamele, Pferde, Elefanten und verschiedene Fabeltiere.

Gewaltige Figuren

Nach den Tieren erreicht man zwölf gewaltige Statuen von chinesischen Würdenträgern, sogenannten Mandarinen. Einige von ihnen stellen die Leibgarde des Königs dar. Sie tragen lange Rüstungen und enganliegende Helme, halten Schwerter oder Schlagstöcke in der Hand und sehen sehr grimmig aus.

6 DER KOLOSS VON RHODOS

In der antiken Mythologie war die Insel Rhodos vor der Küste der Türkei die Insel des Sonnengottes Helios. Nachdem die Bewohner ihre Insel im Jahre 304 v. Chr. erfolgreich gegen Angreifer

verteidigt hatten, errichteten sie in ihrem Haupthafen Rhodos eine gewaltige Statue des Sonnengottes, um ihm für ihren Sieg zu danken.

Niemand weiß genau, wo die Statue stand oder wie sie aussah. Manche Leute sind der Meinung, die Statue hätte mit gespreizten Beinen am Hafeneingang gestanden, so daß die Schiffe zwischen den Beinen hindurchsegeln mußten. Wahrscheinlicher ist jedoch, daß die Statue ihren Platz am Rande des Hafens hatte.

Überlebensgroß
Das Wort „Koloß" bedeutete im Griechischen ursprünglich nur „Statue". Erst durch die gewaltige Größe des Heliosstandbilds auf Rhodos bekam es die Bedeutung, die wir heute noch kennen: ein Koloß ist ein „Riesenstandbild" oder einfach ein „Ungetüm".

Ein Gott aus Bronze
Die Statue bestand aus glänzender Bronze. Die Strahlenkrone um den Kopf des Helios war das Symbol des Sonnengottes.

Ein frühes Ende
Bereits 66 Jahre nach seiner Vollendung ließ ein heftiges Erdbeben den Koloß ins Meer stürzen.

Schatzsuche
Noch heute suchen Taucher im Hafen von Rhodos nach Überresten der Statue. Erst vor kurzem wurde ein Stein vom Meeresgrund fälschlich für die Hand des Kolosses gehalten.

DER BAU DES KOLOSSES

Alles was wir über den Koloß von Rhodos wissen, stammt aus den Aufzeichnungen der Schriftsteller und Dichter aus dieser Zeit. Der Koloß wurde von Chares von Lindos errichtet, einem Schüler des berühmten griechischen Bildhauers Lysipp. Einem Schriftsteller zufolge wurden für die Statue 12,7 Tonnen Bronze und 7,6 Tonnen Eisen verarbeitet.

Archäologen schließen aus dieser relativ geringen Bronzemenge, daß nur die Außenhaut der Statue aus Bronze bestand, die vermutlich auf ein Eisengerüst aufgeschmolzen wurde. Interessant ist, daß die Freiheitsstatue im Hafen von New York Hunderte von Jahren später auf sehr ähnliche Weise konstruiert wurde, was beweist, wie erstaunlich fortgeschritten die Baukunst zur Zeit des Kolosses bereits war.

Ein langsames Wachstum
Hier sieht man den Koloß in einem der letzten Bauabschnitte. Es dauerte ungefähr 12 Jahre, bis die Statue im Jahre 290 v. Chr. endlich fertig war. Das bedeutet, daß sie während der Bauzeit etwa drei Meter pro Jahr gewachsen ist!

Schwere Materialien
Da es zur Zeit des Statuenbaus noch keine Kräne gab, wurde rund um den Koloß ein Erdwall aufgeschüttet, über den eine spiralförmige Rampe nach oben führte, die je nach Bedarf verlängert wurde.

Wo stand der Koloß?
Die Statue stand am Rande des Hafens von Rhodos, der Hauptstadt der Insel. Rhodos war ein bedeutender Hafen, der für den Handel mit Getreide, Holz, Fellen, Wolle und Sklaven im Mittelmeer besonders wichtig war.

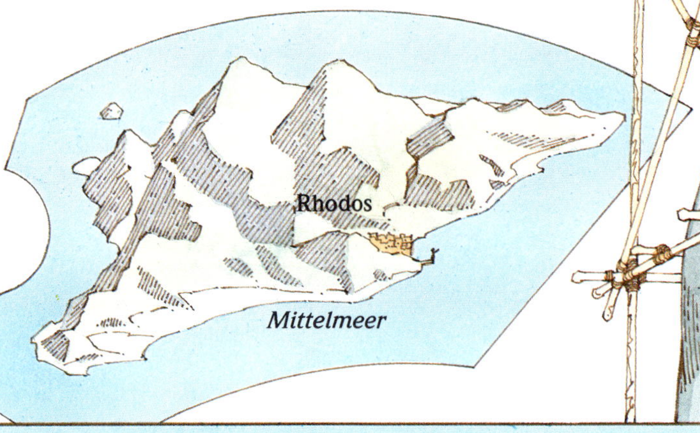

Warum wurde der Koloß errichtet?
Rhodos war eine unabhängige Insel, die die Griechen nur zu gern ihrem Reich einverleibt hätten. Als griechische Seestreitkräfte im Jahre 304 v. Chr. die Insel zu erobern versuchten, setzten sich die Inselbewohner so tapfer zur Wehr, daß die Angreifer fliehen mußten, wobei sie sogar ihre gewaltige Belagerungsmaschine „Heliopolis" (die Städtebezwingerin) zurückließen. Diese wurde von den Inselbewohnern verkauft, und mit dem Erlös bezahlten sie den Bau der Statue.

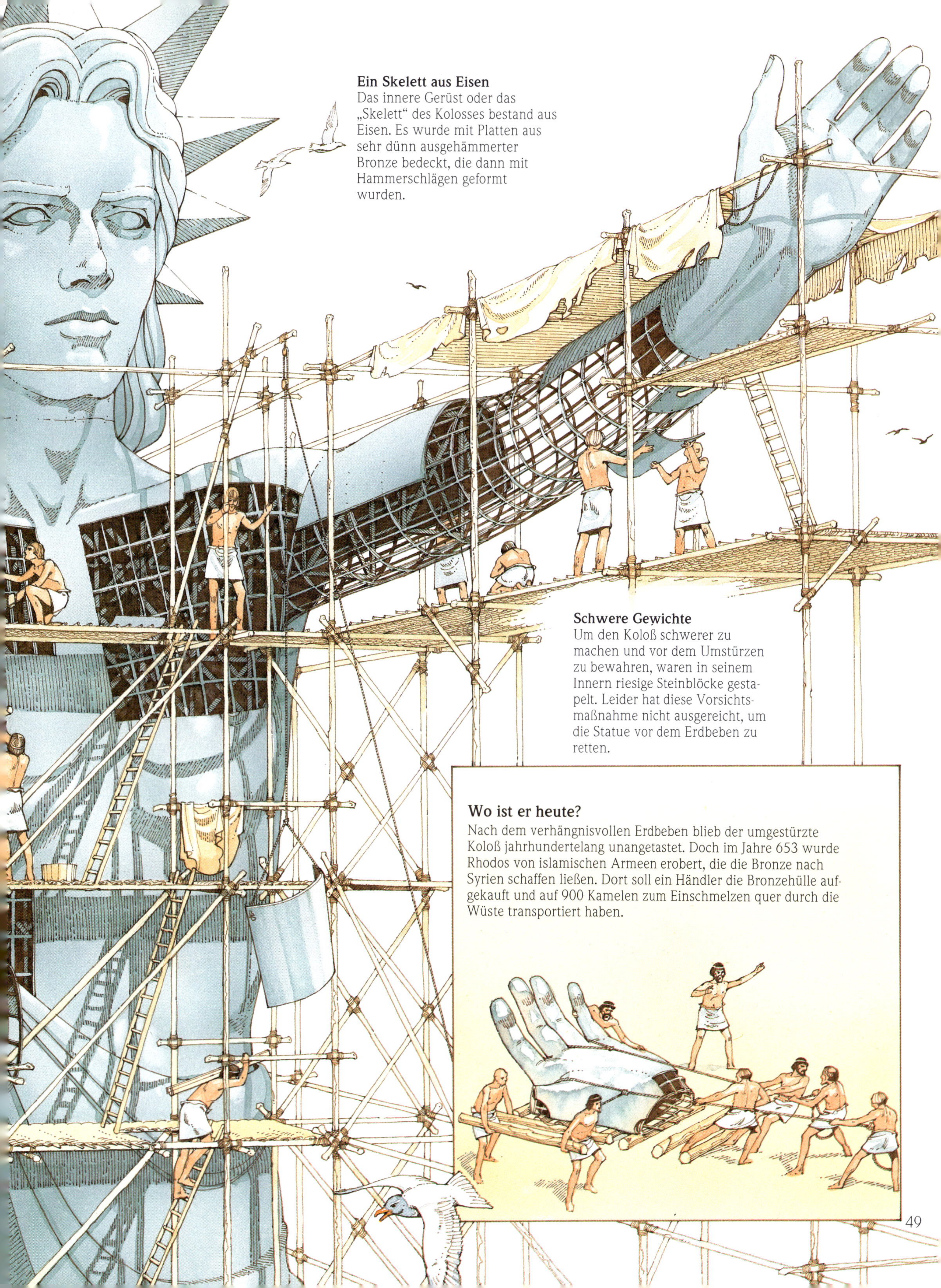

Ein Skelett aus Eisen

Das innere Gerüst oder das „Skelett“ des Kolosses bestand aus Eisen. Es wurde mit Platten aus sehr dünn ausgehämmerter Bronze bedeckt, die dann mit Hammerschlägen geformt wurden.

Schwere Gewichte

Um den Koloß schwerer zu machen und vor dem Umstürzen zu bewahren, waren in seinem Innern riesige Steinblöcke gestapelt. Leider hat diese Vorsichtsmaßnahme nicht ausgereicht, um die Statue vor dem Erdbeben zu retten.

Wo ist er heute?

Nach dem verhängnisvollen Erdbeben blieb der umgestürzte Koloß jahrhundertelang unangetastet. Doch im Jahre 653 wurde Rhodos von islamischen Armeen erobert, die die Bronze nach Syrien schaffen ließen. Dort soll ein Händler die Bronzehülle aufgekauft und auf 900 Kamelen zum Einschmelzen quer durch die Wüste transportiert haben.

DIE FREIHEITS-STATUE

Die Freiheitsstatue von New York wurde von dem französischen Bildhauer Auguste Bartholdi geschaffen und hieß ursprünglich „Freiheit erleuchtet die Welt". Die Statue, die zu den größten der Welt gehört, wurde den Vereinigten Staaten von Frankreich 1884 zum hundertsten Jahrestag der Unabhängigkeitserklärung zum Geschenk gemacht. Die Statue war in Paris gebaut worden und wurde in New York neu zusammengesetzt.

Die Fackelträgerin
Die Statue trägt eine Fackel in der rechten Hand und schreitet aus zerbrochenen Ketten heraus. In der linken Hand hält sie eine Tafel mit der Aufschrift „4. Juli 1776 — Tag der Amerikanischen Unabhängigkeit".

Wo steht sie?
Die Statue steht auf Liberty Island, einer Insel vor der Einfahrt zum New Yorker Hafen.

Die Fackel
Die Fackel befindet sich in einer Höhe von 93 Metern über dem Sockel und wurde vor kurzem erneuert. Nachts sorgen starke Quecksilberlampen für helles Licht.

Die Krone
Besucher dürfen bis zur Krone der Statue hinaufsteigen. Etwa auf der Höhe der Nase, die übrigens fast so lang ist wie ein Mensch, befindet sich eine Aussichtsplattform, von der aus man einen großartigen Blick über New York hat.

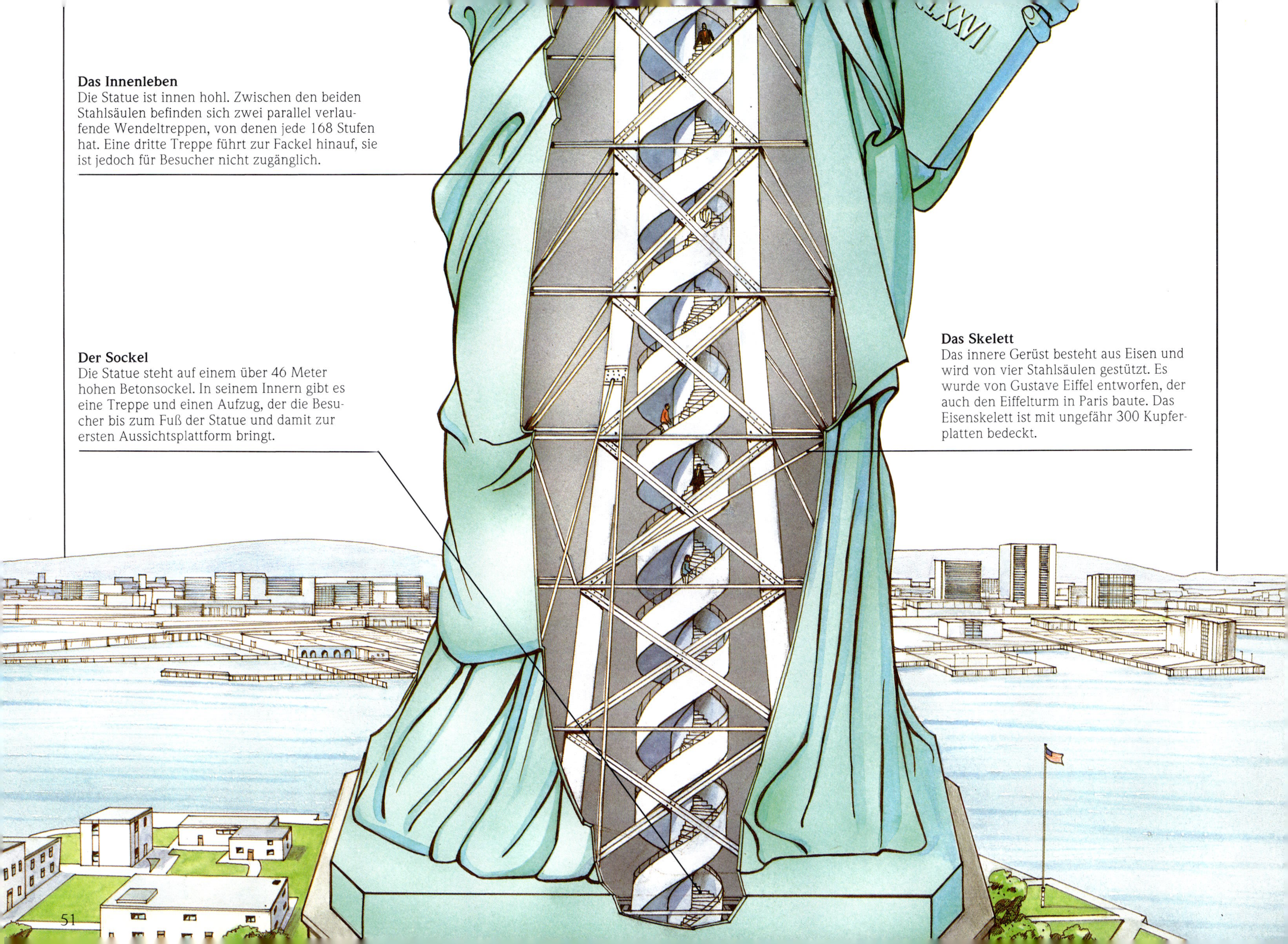

Das Innenleben
Die Statue ist innen hohl. Zwischen den beiden Stahlsäulen befinden sich zwei parallel verlaufende Wendeltreppen, von denen jede 168 Stufen hat. Eine dritte Treppe führt zur Fackel hinauf, sie ist jedoch für Besucher nicht zugänglich.

Der Sockel
Die Statue steht auf einem über 46 Meter hohen Betonsockel. In seinem Innern gibt es eine Treppe und einen Aufzug, der die Besucher bis zum Fuß der Statue und damit zur ersten Aussichtsplattform bringt.

Das Skelett
Das innere Gerüst besteht aus Eisen und wird von vier Stahlsäulen gestützt. Es wurde von Gustave Eiffel entworfen, der auch den Eiffelturm in Paris baute. Das Eisenskelett ist mit ungefähr 300 Kupferplatten bedeckt.

GEWALTIGE STATUEN

Die Bildhauerei ist eine bedeutende Form des künstlerischen Ausdrucks, die uns viele Aufschlüsse über vergangene Kulturen geben kann. Seit der Antike war der Hauptgegenstand der Plastik die Gestalt von Menschen oder Göttern, die als freistehende Standbilder oder, aus einer Fläche herausgearbeitet, als Relief dargestellt wurden.

Die Werkstoffe für große Plastiken sind seit frühesten Zeiten die gleichen geblieben. Stein und Metall werden auch heute noch bevorzugt, weil sie am dauerhaftesten sind. Obwohl die Bautechnik heute erheblich weiter fortgeschritten ist, verfährt man bei der Herstellung von Statuen heute noch fast ebenso wie in der Antike.

Riesen aus Stein
Die Abbildung zeigt Statuen und Reliefs von der Großen Sphinx von Gizeh bis zur sowjetischen Statue „Vaterland" aus dem 20. Jahrhundert.

Die Große Sphinx
Seit mehr als 5000 Jahren bewacht die Große Sphinx die Pyramiden von Gizeh (siehe Seite 6–9). Sie ist beeindruckende 18 Meter hoch und 73 Meter lang und hat den Kopf eines Menschen und den Körper eines Löwen.

Die Statuen der Osterinsel
Auf der Osterinsel im Südpazifik stehen Hunderte von merkwürdigen Statuen, die aus Vulkangestein herausgemeißelt wurden. Von wem diese Statuen, von denen einige bis zu 10 Meter hoch sind, geschaffen wurden, ist ein ungelöstes Rätsel.

Die Statue „Vaterland“
Auf einem Hügel bei Wolgograd in der Sowjetunion steht die riesige Statue „Vaterland“. Sie wurde 1967 von dem Bildhauer Jewgeni Wutschetitsch zur Erinnerung an die Schlacht von Stalingrad (1942–43) geschaffen. Mit einer Höhe von 82 Metern ist sie die höchste Statue der Welt.

Der Christus von Corcovado
Auf dem Berg Corcovado in der brasilianischen Stadt Rio de Janeiro steht eine riesige Christusstatue. Das 40 Meter hohe Kunstwerk aus Beton wurde von dem Bildhauer Paul Landowski entworfen und war nach fünf Jahren Arbeit 1931 fertig.

Mount Rushmore
Aus der senkrechten Granitwand des Mount Rushmore in South Dakota schauen die Gesichter von vier amerikanischen Präsidenten heraus. Der Bildhauer Gutzon Borglum arbeitete von 1927 bis 1941 mit Sprengstoff und Preßluftbohrer an den Köpfen von Washington, Jefferson, Lincoln und Roosevelt. Jeder dieser Köpfe ist 18 Meter groß, und das Relief ist schon aus einer Entfernung von 100 Kilometern zu sehen.

7 DER LEUCHTTURM VON ALEXANDRIA

Im Jahre 279 v. Chr. wurde der Leuchtturm von Alexandria nach zwanzigjähriger Arbeitszeit fertiggestellt und sofort als ein Weltwunder gefeiert. Schließlich handelte es sich um den ersten großen Leuchtturm, der je gebaut wurde. Überdies war er so stabil, daß er mehr als tausend Jahre überdauerte und auch mehreren Erdbeben standhielt.

Der Leuchtturm wurde nach der Insel, auf der er stand, Pharos genannt. In vielen Sprachen bedeutet das Wort „Pharos" noch heute „Leuchtturm". Die Insel lag vor dem Hafen von Alexandria und war durch einen Damm mit dem Festland verbunden.

Abbildungen auf römischen Münzen und Aufzeichnungen zeitgenössischer Schriftsteller liefern eine recht gute Beschreibung des Leuchtturms. Er war ungefähr 122 Meter hoch und vom Meer aus kilometerweit zu sehen.

Ein dreistöckiger Leuchtturm
Der Leuchtturm aus weißem Marmor hatte drei Stockwerke, die nach oben hin immer schmaler wurden. Das Erdgeschoß war rechtwinklig, das mittlere Geschoß achteckig und das obere rund.

Eine lange Lebensdauer
Im Jahre 796 n. Chr. wurde der Leuchtturm durch ein Erdbeben schwer beschädigt; später, 1477, wurde auf seinen Ruinen eine Festung errichtet. Dort, wo heute die Festung Fort Kait Bey steht, sind noch die Grundmauern des antiken Leuchtturms zu sehen.

Das Leuchtfeuer
In der Spitze des Leuchtturms brannte Tag und Nacht ein Feuer. Das von ihm ausgehende Licht war so hell, daß man es noch 56 Kilometer vor der Küste sehen konnte.

ALEXANDRIA

Für viele Menschen war der Leuchtturm von Alexandria ein Sinnbild der Macht und des Ruhms von Alexander dem Großen. Alexander gründete viele Städte, die alle nach ihm den Namen Alexandria erhielten; doch die bedeutendste von ihnen war die Stadt an der ägyptischen Mittelmeerküste, in der der Leuchtturm und andere aufsehenerregende Bauwerke errichtet wurden.

Unter der Herrschaft von Ptolemaios I., einem von Alexanders Generälen, und seinen Nachfolgern, die 300 Jahre lang über Ägypten regierten, wurde Alexandria zum Zentrum des Welthandels und der Bildung und eine der großartigsten Städte der Antike.

Aus der Vogelperspektive
Hier sieht man Alexandria aus der Perspektive eines Vogels, der vom Leuchtturm stadteinwärts fliegt. Viele der Gebäude waren im klassischen griechischen Stil errichtet und mit Säulen und Statuen geschmückt.

Wer baute den Leuchtturm?
Die Idee zu dem Leuchtturm stammte von Alexander dem Großen. Sostratos war der Architekt und Baumeister, und Ptolemaios I. befahl den Baubeginn. Beendet wurde der Bau unter der Herrschaft von Ptolemaios II.

Ein Zentrum der Gelehrsamkeit
Ptolemaios I. ließ mehrere Gebäude errichten, die der Förderung der Gelehrsamkeit dienten. Es gab zum Beispiel botanische Gärten, ein Oberservatorium und eine Anatomieschule mit medizinischen Instrumenten.

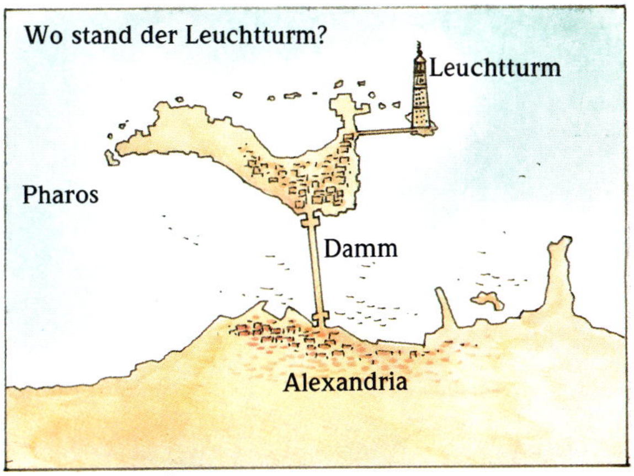

Der Leuchtturm

Auf der Spitze des Leuchtturms stand eine Statue von Poseidon, dem griechischen Gott des Meeres.

Ein riesiger Spiegel

Das Leuchtfeuer an der Spitze des Turms soll „eine Feuersäule bei Nacht und eine Rauchsäule bei Tag“ gewesen sein. Das Licht des Feuers wurde durch einen großen Hohlspiegel auf das Meer hinausgestrahlt, mit dem es verstärkt und gelenkt werden konnte.

Die innere Rampe

Der obere Teil des Leuchtturms war über eine spiralförmig ansteigende Rampe zu erreichen. Der Brennstoff für das Feuer wurde mit Pferdekarren so weit wie möglich hinaufbefördert und dann mit einer Aufzuganlage ganz nach oben gezogen.

Ein Wachtturm?

Von der Rampe zweigten Hunderte von Räumen ab. Sie alle hatten nach außen gehende Fenster und boten nicht nur einen Überblick über das Meer, sondern dienten auch den Wachmannschaften zum Aufenthalt.

Stabil wie ein Felsen

Der Turm war von einer ummauerten Terrasse umgeben, deren Windseiten durch starke Wellenbrecher geschützt waren. Das Trinkwasser, das durch eine Wasserleitung vom Festland kam, wurde in einer Zisterne im Fundament gespeichert.

Eine Stätte der Kunst und Wissenschaft

Zu den von Ptolemaios errichteten Gebäuden gehörte auch das Museion, ein Ort, an dem Künstler und Gelehrte lebten und arbeiteten und der die größte und berühmteste Bibliothek der Antike enthielt.

HOCHAUFRAGENDE BAUWERKE

Trotz ihres verschiedenartigen Aussehens sind der Eiffelturm in Paris und das Empire State Building in New York doch sehr ähnlich konstruiert. Beide haben einfache Metallskelette — das des Eiffelturms besteht aus Schmiedeeisen, das des Empire State Building aus Stahl — und Tausende von Querstreben, die dem Bau die nötige Stabilität verleihen. Diese einfache und doch wirksame Konstruktionsweise sorgt bei beiden Bauwerken dafür, daß sie selbst bei starkem Wind kaum schwanken.

Der einzige wesentliche Unterschied besteht darin, daß das Empire State Building leichte Außenwände hat, die am Skelett befestigt sind. Diese Technik des Skelettbaus wurde erstmals im späten 19. Jahrhundert angewendet; sie erlaubte es den Architekten, immer höhere Wolkenkratzer zu bauen und machte ein Abstützen von Gebäuden mit lasttragenden Außenwänden überflüssig.

Im Bau

Langsam aber sicher wachsen der Eiffelturm und das Empire State Building ihrer Vollendung entgegen. Beide wurden aus vorgefertigten Teilen zusammengesetzt, die durch große Kräne an ihren Platz gehoben wurden.

Der Eiffelturm

Der Eiffelturm, der zwischen 1887 und 1889 für die Weltausstellung zur Hundertjahrfeier der Französischen Revolution in Paris aufgestellt wurde, bildete den Eingang zum Ausstellungsgebäude. Der Turm erhielt seinen Namen nach seinem Erbauer, dem französischen Ingenieur und Brückenbauer Alexandre Gustave Eiffel. Der 300 Meter hohe Turm besteht aus über 15 000 Einzelteilen, wird durch mehr als 2,5 Millionen Nieten zusammengehalten und wiegt rund 8500 Tonnen.

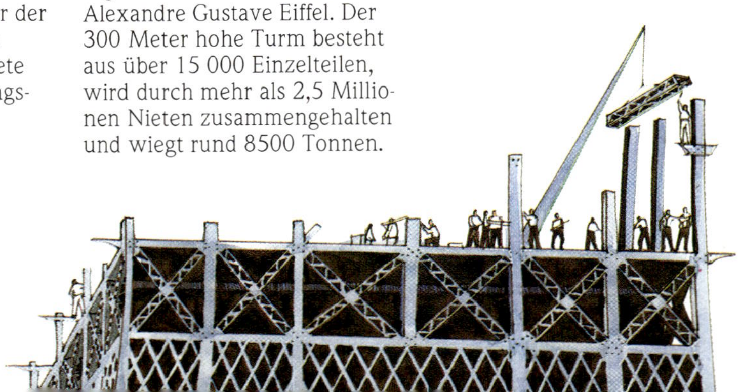

Das Empire State Building

Das Empire State Building wurde 1930 von der amerikanischen Architekten-Gruppe Shreve, Lamb und Harrison errichtet. Die Bauzeit betrug nur acht Monate, was bedeutet, daß das Gebäude jeden Tag 4,5 Stockwerke höher wurde, bis es seine Gesamthöhe von 381 Metern erreicht hatte. Mehr als 3400 Menschen arbeiteten an den 102 Stockwerken und verbrauchten dabei 60 000 Tonnen Stahl für das Skelett, 740 Tonnen Aluminium und rostfreien Stahl für die Außenwände und 10 Millionen Ziegel und 5600 Kubikmeter Steine für die Böden und Wände der Untergeschosse. Das Gebäude enthält 7600 Kilometer Stromkabel, 112 Kilometer Wasserrohre, 80 Kilometer Heizungsrohre und 6500 Fenster. Die Gesamtkosten, einschließlich der für das Grundstück, beliefen sich auf 40 Millionen Dollar. Die beiden Aussichtsplattformen locken jährlich 1,5 Millionen Besucher an.

HOHE TÜRME

Mit dem ständigen Zustrom in die Städte wurde Bauland immer knapper und teurer. Die einzige Lösung für dieses Problem bestand darin, in die Höhe zu bauen, so daß auf relativ geringem Raum zahlreiche Büros und Wohnungen untergebracht werden konnten. Heute gibt es in fast jeder Großstadt der Welt Wolkenkratzer, die hoch über die Stadt aufragen.

Einer der ersten ganz großen Wolkenkratzer der Welt war das Chrysler Building in New York, das 1930 fertiggestellt wurde. Doch seine 77 Stockwerke wurden noch im gleichen Jahr von den 102 Stockwerken des Empire State Building übertrumpft, das bis 1974 den Rekord für das höchste ungestützte Bauwerk hielt. Heute ist der CN-Turm in Toronto der höchste der Welt. Er wird allerdings von vielen Radio- und Fernsehtürmen übertroffen, die jedoch durch Halteseile gestützt werden. Der höchste Fernsehturm steht in der polnischen Hauptstadt Warschau und hat eine Höhe von 645 Metern.

Die Höchsten der Welt
Fünf der sechs hier abgebildeten Bauwerke hielten einmal den Rekord, das höchste Gebäude der Welt zu sein. Bloß der Schiefe Turm von Pisa gehört nicht dazu. Er ist wegen seiner aufsehenerregenden Neigung einzigartig.

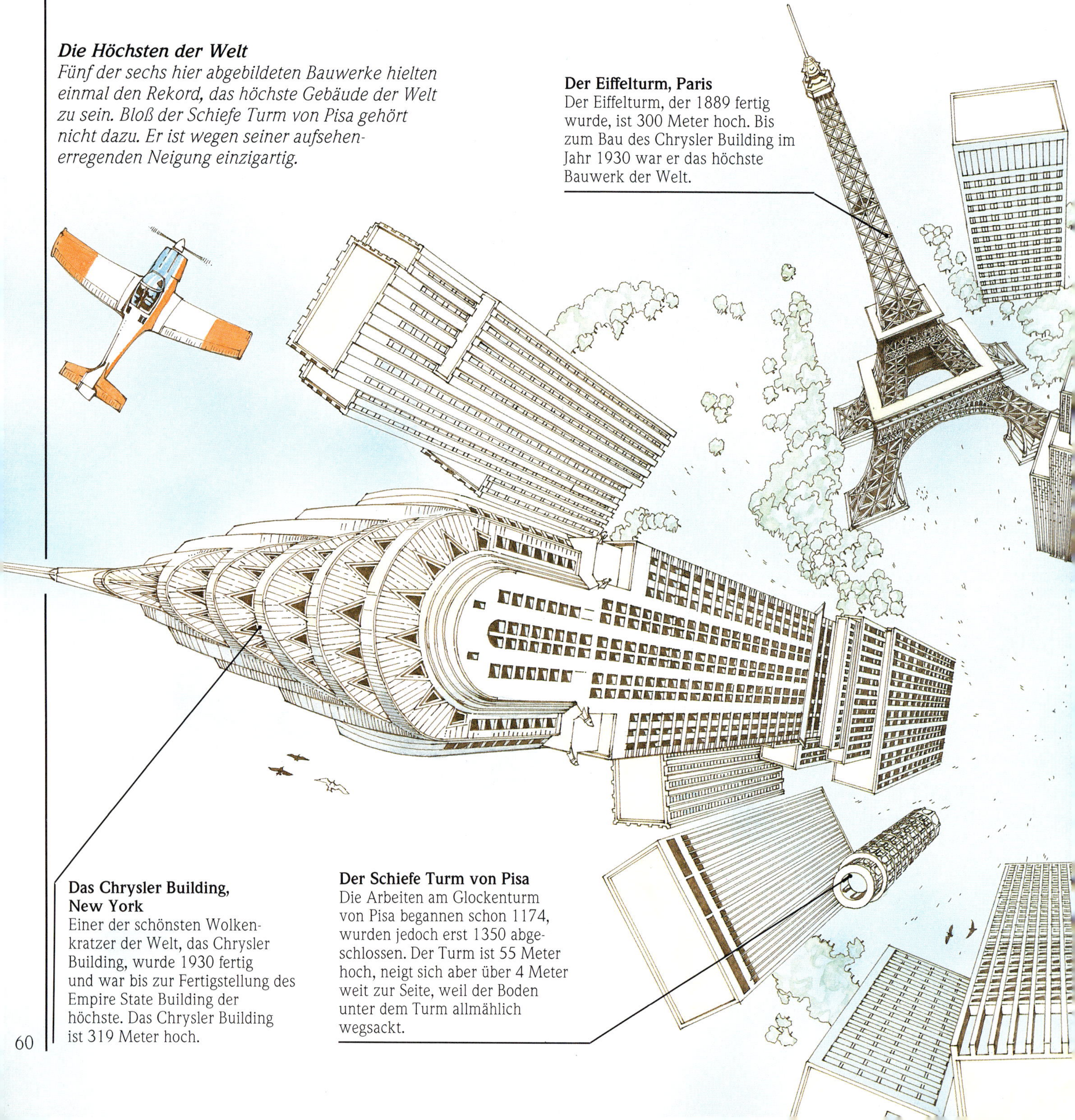

Der Eiffelturm, Paris
Der Eiffelturm, der 1889 fertig wurde, ist 300 Meter hoch. Bis zum Bau des Chrysler Building im Jahr 1930 war er das höchste Bauwerk der Welt.

Das Chrysler Building, New York
Einer der schönsten Wolkenkratzer der Welt, das Chrysler Building, wurde 1930 fertig und war bis zur Fertigstellung des Empire State Building der höchste. Das Chrysler Building ist 319 Meter hoch.

Der Schiefe Turm von Pisa
Die Arbeiten am Glockenturm von Pisa begannen schon 1174, wurden jedoch erst 1350 abgeschlossen. Der Turm ist 55 Meter hoch, neigt sich aber über 4 Meter weit zur Seite, weil der Boden unter dem Turm allmählich wegsackt.

Das Empire State Building, New York
Das Empire State Building, das 1930 fertig wurde, war bis 1974 das höchste Gebäude der Welt. Auf das urspünglich 381 Meter hohe Bauwerk wurde 1950 noch ein Radiomast aufgesetzt, so daß das Gebäude jetzt eine Gesamthöhe von 449 Metern hat.

Sears Tower, Chicago
Der Sears Tower, der Hauptsitz der Warenhauskette Sears Roebuck, wurde 1974 fertiggestellt und war für kurze Zeit das höchste Bauwerk. Es erhebt sich 443 Meter hoch über die Stadt Chicago.

Der CN-Turm, Toronto
Der 1975 fertiggestellte Fernsehturm ist mit 555 Metern das höchste nicht mit Kabeln verankerte Bauwerk der Welt. Das höchste der mit Kabeln verankerten Bauwerke ist ein 645 Meter hoher polnischer Fernsehturm.

WUNDER DER GRÖSSE

Einer der Gründe für die Auswahl der Sieben Weltwunder der Antike war ihre Größe. Als sie gebaut wurden, gehörten sie zu den höchsten Bauwerken der Welt, die die kleinen Häuser, in denen die Menschen damals wohnten, weit in den Schatten stellten. Ihr Höhenwachstum mußte sich jedoch in Grenzen halten, da außer Holz nur noch Stein als Baumaterial zur Verfügung stand. Da Steine sehr schwer sind, durften die Gebäude nicht zu hoch werden, weil sie sonst leicht umstürzen konnten. Das bedeutet, daß es viele Jahrhunderte lang für die Höhe von Bauwerken eine natürliche Grenze gab. Allerdings würde der Petersdom in Rom, die größte Kirche der Welt, die erst im 16. Jahrhundert gebaut wurde, bequem in die 4500 Jahre ältere Große Pyramide von Gizeh hineinpassen.

Erst die Verwendung von Eisen und Stahl und später von Stahlbeton machte den Bau erheblich höherer Gebäude möglich. Bauwerke unserer Zeit wie der Eiffelturm, der Sears Tower und der CN-Turm sind wesentlich höher als die Weltwunder der Antike.

Alte und neue Wunder
Zusammen mit den Sieben Weltwundern der Antike sind hier fünf aus neuerer Zeit abgebildet — der Schiefe Turm von Pisa, der Petersdom in Rom, der Pariser Eiffelturm, der Sears Tower in Chicago und der CN-Turm in Toronto.

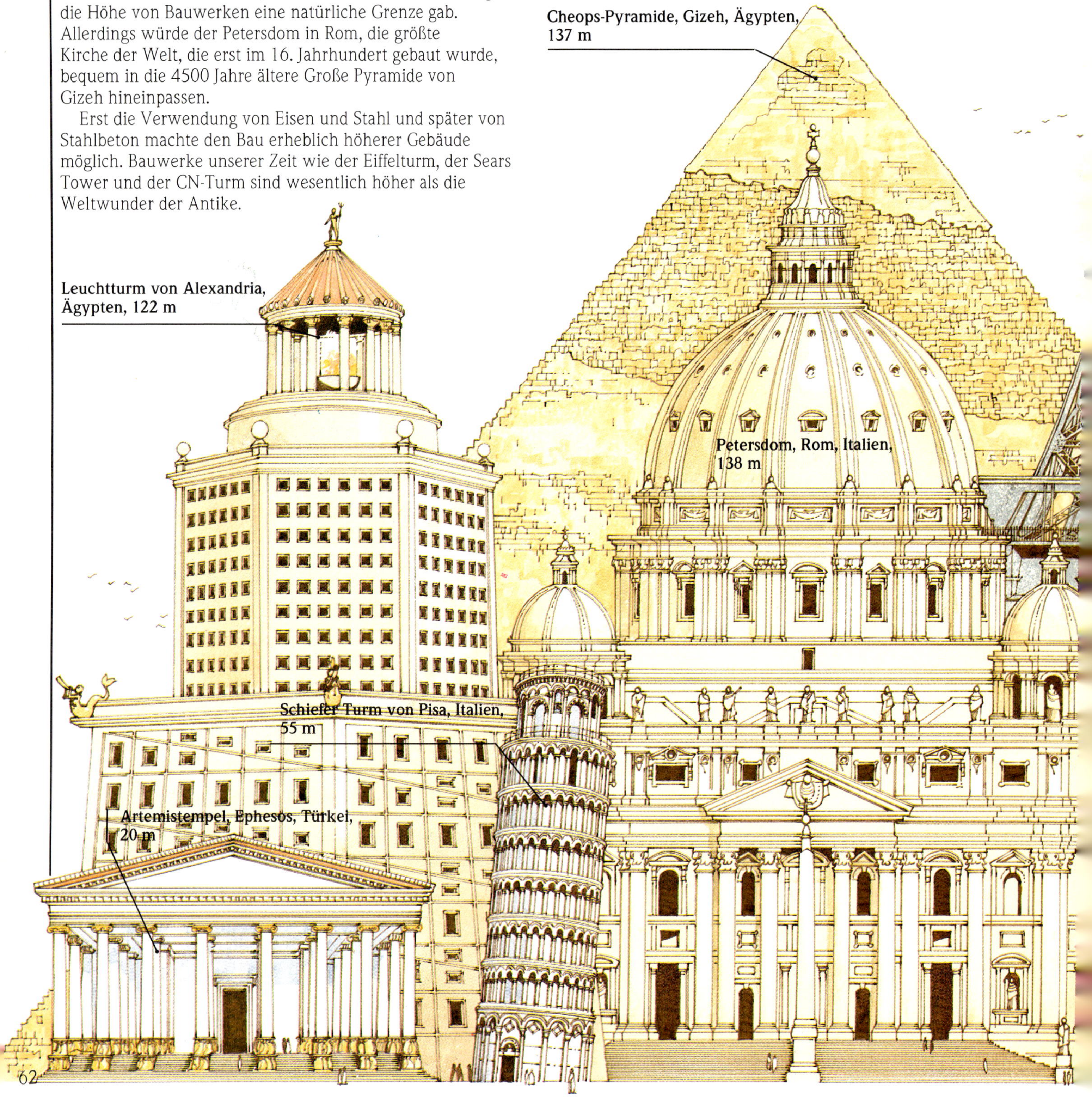

Sears Tower, Chicaco, USA, 475 m
CN-Turm, Toronto, Kanada, 555 m
Eiffelturm, Paris, Frankreich, 300 m
Hängende Gärten von Babylon, Irak, 90 m
Koloß von Rhodos, Griechenland, 37 m
Mausoleum von Halikarnassos, Türkei, 43 m
Statue des Zeus, Olympia, Griechenland, 12 m

REGISTER

Agra, Indien, 42
Ägypten, 5
Ägypter, 6, 8, 10
Alexander der Große, 30, 56
Alexandria, Ägypten, 54, 56–57, 62
Altis, 24
Amphitheater, 18
Amytis, 15
Antipater von Sidon, 4
Apostel Petrus, Grab des, 35
Artemis, 33; Statue der 33; Tempel der, 30–33
Artemisia, 40, 41
Artemision, 30
Artemistempel, Ephesos, 5, 30–33, 62
Athleten, griechische, 24, 25

Babylon, Irak, 14, 15, 16–17, 63
Barcelona, Spanien, 34
Bartholdi, Auguste, 50
Basiliuskathedrale, 34
Bau: des Artemistempels, Ephesos, 32–33; der Großen Pyramiden, Gizeh, 8–9; der Kathedrale von Chartres, Frankreich, 36–37; des Koloß von Rhodos, 48–49; des Mausoleums von Halikarnassos, 40–41; von Türmen, 58–59
Bibliothek von Alexandria, 57
Borglum, Gutzon, 53
Borobudur, Java, 10–11
Buddha, 10, 26
Buddhistische Statuen, 26–27
Buddhistische Tempel, 10–11

Centre Pompidou, Paris, 20
Chares, 48
Chartres, Kathedrale von, Frankreich, 36–37
Cheops, König, 6, 7, 8
Chicago, USA, 61, 63
Chinesische Grabmäler, 44, 45
Chinesische Mauer, 12–13
Christus von Corcovado, Rio de Janeiro, 53
Chrysler Building, 60
CN-Turm, Toronto, 61, 63

Disney, Walt, 21
Disneyworld, Florida, 21

Eiffel, Gustave, 51, 58
Eiffelturm, Paris, 58–59, 60, 63
Empire State Building, New York, 58–59, 61
EPCOT-Centre, Florida, 21
Ephesos, Türkei, 30, 41, 62
Epidauros, Griechenland, 18
Euphrat (Fluß), 15, 16, 17

Fort Kait Bey, Alexandria, 54
Freiheitsstatue, New York, 48, 50–51

Gal Vihara, Sri Lanka, 27
Gaudi, Antonio, 34
Gizeh, Ägypten, 5, 6–9, 52, 62
Gladiatoren, 18, 19
Götter/Göttinnen, griechische, 22, 25
Grabkammer eines ägyptischen Königs, 8
Griechen, 18, 22, 24, 25, 33, 48
Große Pyramiden, Gizeh, 4, 6–9
Große Sphinx, Gizeh, 52
Gunbad-i-Qabus in Gungan, Persien, 43

Halikarnassos, Türkei, 41
Hängende Gärten von Babylon, 4, 5, 14–15, 16, 17, 63
Helios, 46, 57
Herakles, 24
Herostratos, 30

Irak, 16, 63
Ischtar, 16
Ischtar-Tor, Babylon, 16
Islam, 28
Itaipu-Damm, Brasilien, 13
Iwan der Schreckliche, 34

Jerusalem, Israel, 28
Jumna (Fluß), 42

Kaaba, Mekka, 29
Karien, Türkei, 38
Kathedrale, gotische, 36–37
Kirchen, 34–35, 36–37
Klagemauer, Jerusalem, 28
Kleinasien, 5
Koloß von Rhodos, 5, 46–49
Kolosseum, Rom, 18–19
Könige, ägyptische, 6, 8–9
Konstantinopel, Türkei, 22
Krösus, König, 30

Landowski, Paul, 53
Leuchtturm von Alexandria, 5, 54–57
Lincoln Memorial, Washington, 43
Lindos, 48
Lysipp, 48

Marduk, 16
Mausoleum von Halikarnassos, 5, 38–41, 63
Mausolos, König, 38, 40, 41
Maya, 11
Megalithen, 12
Mekka, Saudi-Arabien, 28–29
Mesopotamien, 5, 16, 17
Ming-Dynastie, 45
Mittelalter, 36
Mogulherrscher, Grabmäler der, 43
Mohammed, 28, 29
Moschee, 28
Moskau, UdSSR, 34
Moslems, 28
Mount Rushmore, USA, 53
Mumtaz Mahal, 42
Museion, Alexandria, 57

Nebukadnezar, König, 15, 16
New York, USA, 50–51, 58–59, 60, 61
Nike, 23
Nil (Fluß), 6
Nirwana, 26

Olymp (Berg), Griechenland, 24
Olympia, Griechenland, 5, 22, 24, 25, 63
Olympische Spiele, 24, 25
Opernhaus von Sydney, 21
Osterinsel, Statuen, 52

Panamafluß, 13
Paris, Frankreich, 20, 58–59, 60, 63
Pegu, Burma, 26
Pentathlon, 25
Petersdom, Rom, 35, 62
Phidias, 22
Pilger, 11, 28–29
Pisa, Italien, 60, 62
Polen, 60, 61
Polonnaruwa, Sri Lanka, 27
Priesterinnen, griechische, 25
Ptolemaios, 56, 57
Pyramiden, 4, 5, 6–9, 10–11, 14–15
Pythias, 40

Ravenna, Italien, 43
Rhodos, Griechenland, 46, 48, 62
Rio de Janeiro, Brasilien, 53
Rom, Italien, 18, 35, 62
Römer, 18, 19

Sarkophag, 8, 41
Schah Dschahan, 42, 43
Schiefer Turm von Pisa, 60, 62
Schwarzer Stein, Mekka, 29
Scopas, 40
Sears Tower, Chicago, 61, 63
Seelenweg, 45
Shih Huang Ti, Kaiser, 12, 44
Shwethalyaung-Buddha, Pegu, 26
Sostratos, 56
South Dakota, USA, 53
Sportarten, griechische, 25
Statue des Zeus, Olympia, 22–23, 63
Statuen: buddhistische, 26, 27; gewaltige, 52–53
Stonehenge, 12
Straße der Tiere, China, 45
Strebepfeiler, 36, 37
Streitwagen von Mausolos und Artemisia, 41
Stupa, 10
Sydney, Australien, 21

Tadsch Mahal, Agra, 42–43
Tempel: babylonische, 16; buddhistische, 10–11
Tempel des Goldenen Buddha, Thailand, 27
Tempel des Großen Jaguars, Tikal, 11
Tempel Salomos, Jerusalem, 28
Tempel des Zeus, Olympia, 4, 5, 24
Terrakotta-Armee, China, 44–45
Theoderich, Gotenkönig, 43
Tikal, Guatemala, 11
Toronto, Kanada, 61, 63
Turm zu Babel, Babylon, 17

Ulmer Münster, 35
Utzon, Jörn, 21

Vaterland-Statue, Wolgograd, 52, 53

Warschau, Fernsehturm, 60, 61
Washington D. C., USA, 43
Wasserspeier, 37
Wat Trimitr, Thailand, 27
Wolgograd, UdSSR, 53
Wolkenkratzer, 60, 61
Wood, englischer Archäologe, 32
Wutschetitsch, Jewgeni, 53

Zeus, 22, 23, 24, 25
Zikkurrat, 16, 17

Danksagung: Dorling Kindersley dankt Sandra Archer, Andrew Duncan, Martin Greenwood, Kate Hinton und Lynn Bresler für ihre Hilfe bei der Arbeit an diesem Buch.